Danskere

LISE BOSTRUP

Danskere

– En lærebog i dansk for udlændinge

AKADEMISK FORLAG

Lise Bostrup

Danskere
– En lærebog i dansk som andetsprog

© Alfabeta
3. udgave. 2. oplag 2008

Mekanisk, fotografisk eller anden gengivelse af denne bog eller dele heraf er ifølge gældende dansk lov om ophavsret forbudt uden Alfabetas skriftlige samtykke eller aftale med Copy-Dan.

Forlagsredaktion: Anna Johansen
Illustrationer: Lilian Brøgger
Omslag: kvorning design & kommunikation
Sats: Nørhaven A/S, Skive
Tryk: Nørhaven A/S, Skive

ISBN 978-87-636-0196-2

Printed in Denmark 2008

www.alfabetaforlag.dk
Alfabeta - et forlag under Lindhardt
og Ringhof, et selskab i Egmont.

Indhold

Forord		**7**
Om Danskere		**9**
Kapitel 1	**Annette og Alexander**	**11**
Kapitel 2	På café Barcelona	21
Kapitel 3	**Anders Axmark**	**31**
Kapitel 4	En telefonsamtale	41
Kapitel 5	**Flemming og Linda**	**65**
Kapitel 6	Hjem fra Tyskland	85
Kapitel 7	**Sille og Mette**	**103**
Kapitel 8	Misforståelser	115
Kapitel 9	**På stamværtshuset**	**131**
Kapitel 10	Gaveideer	141
Kapitel 11	**Lindas fødselsdag**	**149**

Forord

Danskere er en lærebog i dansk for udenlandske studerende. Den er beregnet til undervisningen på mellemtrinnet på universiteter og sprogcentre uden for Danmarks grænser, og til sproglaboratoriekurser og andre intensive kurser i Danmark. Desuden vil bogen kunne bruges i forbindelse med dansk som andetsprog på ungdomsuddannelserne samt på sprogskolernes mellemtrin.

Ved mellemtrinnet forstås det niveau, der er opnået ved at gennemgå begynderbogen *Aktivt dansk, En begynderbog i dansk for udenlandske studerende,* eller hvad der svarer til mellem 80 og 100 undervisningstimer.

I *Danskere* vil man lede forgæves efter den typiske dansker. I stedet vil man møde den unge karrieremindede og succesrige Anders Axmark, hans litteraturinteresserede, venstreorienterede lillesøster Annette og hendes kæreste, Alexander. Man vil komme til at læse om det midaldrende provinsægtepar, Flemming og Linda og om Flemmings gamle mor, hvis hovedinteresse er indkøbsture til Tyskland. Man kan også læse om Flemmings alkoholiserede ven og om de to skolesøgende piger, Sille og Mette. De taler alle sammen dansk, men med temmelig store forskelle hvad angår valg af ord og vendinger.

Personerne er fiktive, men deres måde at leve på, deres bolig, deres fritidsinteresser, deres drømme og deres bekymringer er inspireret af en analyse af forskellige former for livsstil i Danmark af sociologen Henrik Dahl i *Hvis din nabo var en bil* (Akademisk Forlag 1997).

Der arbejdes med alle fire sproglige færdigheder: lytte, læse, tale og skrive, og da bogen retter sig mod udenlandske studerende, vægtes den sproglige korrekthed højt på alle niveauer.

Danskere er illustreret af Lilian Brøgger, og der er udgivet et kassettebånd med bogens grundtekster, udtaleøvelser og lyttetekster.

København, den 1. februar 1999

Lise Bostrup

Om Danskere

Stoffet
Danskere er bygget op omkring 11 grundtekster, der handler om forskellige mennesker i Danmark. Der er dels tale om beskrivende tekster, som præsenterer en eller flere danskere i deres miljø, dels om dialoger, hvor to eller flere personer taler sammen ud fra deres forskellige forudsætninger.

Progressionen
Danskere er udarbejdet til udenlandske studerende, og der arbejdes eksplicit med grammatiske og fonetiske termer. Progressionen går fra forholdsvis simple tekster, der kun kræver brug af præsens-former til mere komplicerede strukturer, der kræver nuanceret brug af imperfektum og perfektum, brug af passive verbalformer, modalverber og idiomatiske udtryk.

Selvstudium
I tilknytning til *Danskere* er der udarbejdet et kassettebånd, der giver mulighed for en intensiv udtaletræning. Dette materiale optimerer den studerendes muligheder for at tilegne sig bogens sproglige stof på egen hånd.

Udtale
I forbindelse med hvert kapitel er der udarbejdet et særligt udtaleafsnit. Her stilles der skarpt på en detalje i den danske udtale, som f.eks. udtalen af de forskellige varianter af de danske vokaler, svækkelsen af klusilerne p, t og k, udtalen af det danske d, bortfaldet af et trykløst -e sidst i et ord, det danske stød og betoningen af de enkelte ord i sætningerne.

Grammatik
Hvert kapitel indeholder et eller flere afsnit om væsentlige sider ved den danske grammatik. Her arbejdes systematisk med emner, som f.eks. substantiver i utrum og neutrum, substantiverede adjektiver, komposita, forskellige former for bestemthed og brugen af "der" i forbindelse med ubestemt subjekt. Der arbejdes med såvel traditionelle grammatiske emner som mere sprogbrugsrelaterede emner, f.eks. problemerne omkring brugen af imperativ og de hyppigt anvendte alternativer hertil.

Faste udtryk og valg af præpositioner
Det danske sprog er rigt på faste udtryk, som meget ofte består af et verbum eller et substantiv forbundet med en eller flere præpositionsforbindelser. I forbindelse med hvert kapitel angives en række nye udtryk, og særlige øvelser træner indlæringen i brugen af de forskellige præpositioner. Præpositionsøvelserne er identiske med kapitlets indledende tekststykker, og man kan derfor vælge at arbejde med øvelsen, mens man spiller båndet, eller man kan løse opgaven først og korrigere ved hjælp af båndet bagefter.

Find og ret fejlene
Det har i mange år været et dogme, at en lærer aldrig må demonstrere noget forkert. Det viser sig imidlertid, at det kan virke meget afklarende, at de studerende en gang imellem sætter sig i lærerens sted og finder en række fejl, analyserer, hvori de består, og korrigerer dem. Øvelserne styrker de studerendes evne til at forholde sig kritisk til deres eget sprog.

Lyttetekst
I de 11 lyttetekster, der er udarbejdet til *Danskere,* præsenteres en række personer og situationer, der supplerer, kommenterer og perspektiverer lærebogens tekster. Lytteteksterne er bygget op over de samme sproglige strukturer som lærebogens tekster, og diskussionen om teksterne lægger derfor både op til aktiv brug af det indlærte og til videre diskussion om forhold i Danmark.

Frie opgaver
I de frie opgaver lægges der ofte op til aktiviteter uden for klasseværelset, og de studerendes egne erfaringer inddrages. Opgaverne kan efter behov og interesse bruges som oplæg til en diskussion i klassen eller som større skriftlige opgaver.

Kapitel 1

Annette og Alexander

Annette Andersen er 24 år gammel. Hun er høj og slank, og hun har langt, lyst hår. Annette studerer dansk litteratur og sprog på Københavns Universitet. Hun er meget glad for sit studium. Hun klarer sig godt, og hun holder meget af at læse romaner og noveller, og hun elsker at skrive selv. Hun kunne godt tænke sig at blive journalist eller måske gymnasielærer, når hun bliver færdig med at studere. Annette arbejder på en café i weekenden, fordi hun gerne vil tjene lidt ekstra ved siden af de penge, som hun får fra Statens Uddannelsesstøtte.

Annette har en kæreste, som hedder Alexander. Alexander er 27 år, og han læser til arkitekt. Somme tider har Alexander lyst til at skifte studium. Han kan godt lide kunst, men han kan ikke fordrage matematik, og der er meget matematik på Arkitektskolen. Alt for meget, synes Alexander. Det er også svært at få arbejde som arkitekt i Danmark i dag, fordi der ikke er så mange danskere, der har råd til at bygge huse, og Alexander har ikke lyst til at blive arbejdsløs.

For at tjene penge til sit studium arbejder Alexander på Postterminalen i København. Han sorterer breve tre aftener om ugen fra klokken seks til klokken elleve. Der er mange andre studerende på Postterminalen, og de hygger sig gevaldigt, mens de arbejder, og bagefter går de somme tider på værtshus sammen.

Annette og Alexander bor i en lille toværelses lejlighed på Nørrebro i København. I stuen har de et spisebord med fire stole, en gammel lædersofa fra et loppemarked, en grøn lampe, som Alexander har arvet fra sin mormors hjem, og en bogreol med en masse romaner fra hele verden på dansk og på engelsk. På væggene har de plakater og fotografier fra Sydamerika, som Alexander selv har taget, og så har de en opslagstavle med programmer for de små teatre og biografer i København. Fjernsynet har de kamufleret under en rød silkedug, og foran vinduet med de grønne planter står deres computerudstyr. Alexander er vild med internettet, og han har efterhånden opbygget kontakter i hele verden. Det er dyrt, men utroligt spændende at sidde og chatte med en masse mennesker, man aldrig har set, og det er faktisk sket en gang, at en af hans udenlandske computervenner er kommet på besøg i København.

Egentlig er deres lejlighed for lille til to personer, men de har ikke lyst til at flytte væk fra de gamle huse på Nørrebro. Det er dejligt at bo centralt og have så mange lækre cafeer lige uden for døren.

Om sommeren har Annette og Alexander ferie i to måneder. Det er herligt, synes de, for de elsker at rejse. Sidste år var de i Tyrkiet, og i år vil de meget gerne en måned til Cuba. De vil gerne kunne snakke med cubanerne, så de har gået til spansk på Studieskolen en gang om ugen hele vinteren. Det er selvfølgelig dyrt at rejse så langt og være væk en hel måned, men de kan godt få råd til det, for deres husleje er lav, de har ingen bil, og de køber meget af deres tøj i genbrugs-forretninger.

Annette og Alexander vil gerne have børn, men det kan vente lidt. Først vil de nyde deres ungdom lidt endnu.

Udtale

Vokalen a

Det danske 'a' kan udtales på to forskellige måder. I ordet *Danmark* udtales det første [a] og det andet mere åbent [α].

Langt a udtales åbent foran og efter r: *arbejde, klare, spare, fordrage, litteratur, biograf.*

I alle andre tilfælde udtales a mere fladt: *lave, international, sentimental, romaner*

Kort a udtales
[a] foran d, l, n, s, t og sidst i et ord: *glad, alle, land, dansk, masse, kat, sofa, Cuba*

En undtagelse: *Anders Andersen*

Foran f, k, g, m, ndr, ng, nk, samt foran og efter r udtales [α]: *kaffe, aften, aktiv, gammel, andre, lang, mange, slank, har, litteratur, arbejde, fra, Danmark, aftener, ekstra*

foran *v* udtales [α]: *tavle, København*

Ordet *at* udtales [ad] eller [ɔ]. [ad] når det er en konjunktion: *jeg tror, at det bliver regnvejr* men [ɔ] foran infinitiv: *jeg elsker at drikke kaffe.*

Udviklingen er gået mod at udtale flere og flere ord med det flade a. Blandt ældre mennesker, især ældre konservativt talende mennesker, kan man høre ordet *Danmark* udtalt med to dybe a'er, ligesom det dybe a hos disse mennesker kan findes i ord som *teater, dansk, café* og *kapitel*. I dialekterne på Fyn, Lolland og Falster kan man til gengæld høre det flade a i ord som *kaffe, gammel, vandre* og *aften*.

Syntaks

Det danske sprog er præget af en meget fast syntaks.
Alle hovedsætninger er bygget op over følgende grundmodel:

Forfelt	verbal1	subjekt	adverbial1	verbal2	objekt (prædikativ)	adverbial2
Annette	kan	-	godt	lide	at læse romaner	i sin fritid
I sin fritid	kan	Annette	godt	lide	at læse romaner	-

Inversion

Hvis en hovedsætning har et andet led end subjektet i forfeltet kommer verbal1 før subjektet.
Flyt de understregede led frem i forfeltet.

Annette elsker at slappe af med en god bog i weekenden.
Alexander er vild med at chatte med folk fra hele verden i sin fritid.
De holder begge to meget af at bo på Nørrebro.
De kan også godt lide de mange små cafeer på Nørrebro.
Alexander er ligeglad med penge og karriere for tiden.
Annette kan ikke fordrage at arbejde om natten,
og hun hader at stå tidligt op om søndagen.

Verber med refleksive pronomener

Singularis
1. jeg interesserer mig for noget
2. du interesserer dig for noget
3. han / hun interesserer sig for noget

Pluralis
1. vi interesserer os for noget
2. I interesserer jer for noget
3. de interesserer sig for noget
3. De interesserer Dem for noget

Det refleksive pronomen anbringes mellem subjekt og adverbial i hovedsætninger, når der kun er ét verbal:

Forfelt	verbal1	subjekt	refl.	adverbial1	verbal2	objekt (prædikativ)	adverbial2
Annette	interesserer		sig	ikke			for biler.
Alexander	bryder		sig	virkelig ikke			om matematik.
Annette og Alexander	hyggede		sig	ofte			på en café, der nu er lukket
På postterminalen	hygger	Alexander	sig	tit			med sine kolleger.
Til hverdag	interesserer	de	sig	sjældent			for økonomi.
I gymnasiet	brød	Annette	sig	ikke			om gymnastiktimerne.

Når der også er et verbal2 i sætningen, står det refleksive pronomen på objektets plads.

Forfelt	verbal1	subjekt	adverbial1	verbal2	objekt (prædikativ)	adverbial2
Annette	har		altid	interesseret	sig	for litteratur.
De	kunne		godt	tænke	sig at rejse til Cuba.	
Alexander	har		aldrig	brudt	sig	om matematik.
I skolen	har	Alexander	aldrig	brudt	sig	om matematik.

Lav en dialog med følgende refleksive udtryk:

at hygge sig
at kede sig
at more sig
at dumme sig
at bekymre sig om noget
at kunne tænke sig noget
at ønske sig noget
at glæde sig til noget
at interessere sig for nogen eller noget
at bryde sig om nogen eller noget

Brug nogle af følgende adverbier i eksemplerne: *ikke, aldrig, altid, virkelig, faktisk, sjældent, ofte, tit.*

Udtryk med subjektsprædikativ

Subjektsprædikativer bøjes i genus og numerus efter subjektet:

Singularis
jeg er lykkelig for noget
du er lykkelig for noget
drengen er lykkelig for noget
pigen er lykkelig for noget
barnet er lykkeligt for noget

Pluralis
vi er lykkelige for noget
I er lykkelige for noget
de er lykkelige for noget
De er lykkelig for noget (høflig tiltale singularis)
De er lykkelige for noget (høflig tiltale pluralis)

Andre udtryk

Bøj adjektiverne i utrum og neutrum singularis og i pluralis, og lav dernæst eksempler med udtrykkene:

at være træt af nogen / noget
at være glad for nogen / noget
at være ligeglad med nogen / noget
at være tilfreds med nogen / noget
at være irriteret på nogen over noget
at være rasende på nogen over noget
at være sur på nogen over noget

Indsæt de manglende præpositioner

Annette Andersen er 24 år gammel. Hun er høj og slank, og hun har langt, lyst hår. Annette studerer dansk litteratur og sprog _____ Københavns Universitet. Hun er meget glad _____ sit studium. Hun klarer sig godt, og hun holder meget _____ at læse romaner og noveller, og hun elsker at skrive selv. Hun kunne godt tænke sig at blive journalist – eller måske gymnasielærer, når hun bliver færdig _____ at studere. Annette arbejder _____ en café _____ weekenden, fordi hun gerne vil tjene lidt ekstra _____ siden _____ de penge, som hun får _____ Statens Uddannelsesstøtte.

Annette har en kæreste, som hedder Alexander. Alexander er 27 år, og han læser _____ arkitekt. Somme tider har Alexander lyst _____ at skifte studium. Han kan godt lide kunst, men han kan ikke fordrage matematik, og der er meget matematik _____ Arkitektskolen. Alt _____ meget, synes Alexander. Det er også svært at få arbejde som arkitekt _____ Danmark _____ dag, fordi der ikke er så mange danskere, der har råd _____ at bygge huse nu, og Alexander har ikke lyst _____ at blive arbejdsløs.

_____ at tjene penge _____ sit studium arbejder Alexander _____ Postterminalen _____ København. Han sorterer breve tre aftener _____ ugen _____ klokken seks _____ klokken elleve. Der er mange andre studerende _____ Postterminalen, og de hygger sig gevaldigt, mens de arbejder, og bagefter går de somme tider _____ værtshus sammen.

Annette og Alexander bor _____ en lille toværelses lejlighed _____ Nørrebro _____ København. _____ stuen har de et spisebord _____ fire stole, en gammel lædersofa _____ et loppemarked, en grøn lampe, som Alexander har arvet _____ sin mormors hjem, og en bogreol _____ en masse romaner _____ hele verden _____ dansk og _____ engelsk. _____ væggene har de plakater og fotografier _____ Sydamerika, som Alexander selv har taget og så har de en opslagstavle _____ programmer _____ de små teatre og biografer _____ København. Fjernsynet har de kamufleret _____ en rød silkedug, og _____ vinduet _____ de grønne planter står deres computerudstyr. Alexander er vild _____ internettet, og han har efterhånden opbygget kontakter _____ hele verden. Det er dyrt, men utrolig spændende at sidde og chatte _____ en masse mennesker, man aldrig har set, – og det er allerede sket én gang, at en _____ hans udenlandske computervenner er kommet _____ besøg _____ København.

Egentlig er deres lejlighed _____ lille _____ to personer, men de har ikke lyst _____ at flytte væk _____ de gamle huse _____ Nørrebro. Det er dejligt at bo centralt og have så mange lækre cafeer lige uden _____ døren.

_____ sommeren har Annette og Alexander ferie _____ to måneder. Det er herligt, synes de, for de elsker at rejse. Sidste år var de _____ Tyrkiet, og _____ år vil de meget gerne en måned _____ Cuba. De vil gerne kunne snakke _____ cubanerne, så de har gået _____ spansk _____ Studieskolen en gang _____ ugen hele vinteren. Det er selvfølgelig dyrt at rejse så langt og være væk en hel måned, men de kan godt få råd _____ det, for deres husleje er lav, de har ingen bil, og de køber meget _____ deres tøj _____ genbrugsforretninger.

Annette og Alexander vil gerne have børn, men det kan vente lidt. Først vil de nyde deres ungdom lidt endnu.

Spørgsmål til teksten:

Hvor gammel er Annette?
Hvordan ser hun ud?
Hvad laver hun?
Hvad interesserer hun sig for?
Hvor gammel er Alexander?
Hvad laver han?
Hvad synes han om sit studium?
Hvad beskæftiger han sig med i sin fritid?
Hvor bor Annette og Alexander?
Hvad synes de om Nørrebro?
Hvordan har de indrettet sig i lejligheden?
Hvorfor køber de ikke nye møbler?
Hvor kunne de godt tænke sig at rejse hen i sommerferien?
Hvordan forbereder de sig til rejsen?

Find fejlene og ret dem!

1) I fritiden, Annette kan godt lide at læse romaner.

2) Hun har interesseret sig altid for litteratur,

3) og derfor hun studerer dansk.

4) Hun er også interesseret for computere,

5) og hun sig hygger tit med at chatte med unge mennesker fra hele verden.

6) Hun og hendes kæreste er glad for hinanden.

7) De også er glade for sin lejlighed.

8) De ønsker ikke dem en ny lejlighed lige nu.

Chat på Computeren

Du møder tilfældigvis Alexander på et chat-program på computeren en sen aften og begynder at lære ham at kende: I chatter om, hvad I hedder, hvor gamle I er, hvordan I ser ud, hvad I laver, og hvad I interesserer jer for.

_____ :   Hej! Jeg hedder _____ Vil du chatte med mig?

Alexander: Ja, det vil jeg gerne. Jeg hedder Alexander og er 27 år
                   gammel. Hvad med dig?

_____ :
                   _____
                   _____
                   _____

Hvordan afsluttede I samtalen? Skal I chatte igen? Skal I mødes? Hvad tror du, Alexander tænker om dig nu? Hvad tænker du om ham?

Lytte / forstå øvelse 1

Lyt til båndet og fortæl
- hvad har Alexander med hjem
- hvad er det for en konkurrence
- hvad kan man vinde
- hvordan kan Annette og Alexander være med
- hvad vil de gøre, hvis de vinder.

Frie opgaver

- Beskriv Annette og Alexanders hverdag og fortæl, hvad du synes om deres måde at leve på.

- Lav et interview med en ung dansk studerende. Beskriv hvad han/hun studerer, hvor han/hun bor, hvordan hans/hendes økonomi er, hvad han/hun interesserer sig for, og hvordan han/hun forestiller sig sin fremtid.

- Hvordan lever de studerende i Danmark, og hvordan lever de i det land, du kommer fra?

Kapitel 2

På café Barcelona

Annette: Hej Kasper!
Kasper: Hej. Hvor er det længe siden!
Annette: Ja, hvor har du været?
Kasper: Jeg fik pludselig mulighed for at komme til Ebeltoft, du ved!
Annette: Til Filmhøjskolen? Fedt! Fortæl! Fortæl! Har du lavet en ny storfilm?
Kasper: Næsten! Jeg var sammen med tre andre fyre, to tyskere og en gut fra Litauen, og vi lavede en totalt weird produktion.
Annette: Hvad handlede jeres film om?
Kasper: Den handlede om fire fyre, der laver en video om fire fyre, der laver en video.
Annette: Fire fyre, der laver en video om fire fyre, der laver en video?
Kasper: Ja, det kan godt være lidt svært at forklare, og de andre kunne heller ikke rigtig forstå den, men det var kanonsjovt at lave den!
Vi arbejdede fra morgen til aften de sidste tre uger. Ja, de sidste to nætter sov vi kun 3-4 timer.
Annette: Hvor længe var du der?
Kasper: To måneder.
Annette: Fik du det betalt af Arbejdsformidlingen?
Kasper: Ja, det er en del af min handlingsplan. Jeg vil jo gerne ind på Filmskolens manuskriptlinie, og så er det en stor fordel at have lidt praktisk erfaring.
Annette: Det lyder rigtig, rigtig spændende! Jeg bliver helt misundelig på dig!
Kasper: Ja, det kan jeg godt forstå, og ved du hvad? Den fyr fra Litauen, ikke?
Han har inviteret mig til Vilnius til sommer.
Annette: Hvor sejt! Men har du råd til det?
Kasper: Ja, ja, det koster næsten ikke noget. Der går en båd fra København til Kleipeda, og så kommer Kazimieras og henter mig i sin fars gamle Lada.
Annette: Det lyder helt fint. Hvornår rejser du?
Kasper: Jeg skal til optagelsesprøve på Filmskolen i maj, så det kan først blive i begyndelsen af juni. … Men hvad med dig? Var der ikke noget med, at du og kæresten skulle til Chile?
Annette: Nej, vi skal til Cuba. Vi rejser, når skolerne lukker, og vi har lært spansk på Studieskolen hele vinteren.
Kasper: Hvor er det typisk! I planlægger alting til mindste detalje! I er snart et rigtigt ægtepar! Hvorfor rejser I ikke med Spies?

Annette: Hold da op! Det er da slet ikke noget for os!

Kasper: Det kommer! Bare vent!

Annette: Uh, hvor er du trættende! Det er godt, vi ikke er kærester mere, Kasper!

Kasper: Så, så Annette! Det var jo bare for sjov!

Udtale

Klusilsvækkelse

Når klusilerne p, t og k står først i et ord, udtales de som p, t og k i _posthus_, _Tivoli_ og _kursus_. Men når p, t og k ikke står først, svækkes de til b, d og g:

skriftens p udtales b: _spændende, spansk, Kasper, hjælp, op_

skriftens t udtales d: _stor, studium, forstå, trættende, nætter, Annette, kærester, ægtepar, vent, lært, gut_

skriftens k udtales g: _skole, skulle, ikke, lukker, praktisk, tysker, fik, typisk_

Hvis p, t og k står i en betonet stavelse, svækkes de ikke:

p: _trom'pet_
t: _for'tælle, arki'tekt_
k: _for'klare, pla'kater_

Endelsen -et udtales altid som [eð]:
i forbindelse med verber: _lavet, inviteret_

i forbindelse med substantiver: _bordet, fjernsynet, vinduet_

og i forbindelse med adjektiver: _stribet, chokeret, lyshåret_

-tion udtales [sjon]: _produktion, tradition, international, præposition, repetition._

Hvis et ord er sammensat bliver
p, t og k ikke svækket: _handlings-plan, op-tagelsesprøve, bus-kort_

Pas på fremmedordene i det danske sprog. I princippet er der ikke klusilsvækkelse som i f.eks. *Netto* og *motor*, men jo længere de har været i det danske sprog, desto mere tilpassede er de til den danske klusilsvækkelse. Læg mærke til ord som: *diskotek, computer, internet*

Imperativ

Imperativ på dansk dannes ved at fjerne endelsen -e fra infinitivformen:

Infinitiv	Imperativ
at fortælle	fortæl
at holde	hold (f.eks. hold op!, hold kæft!)
at tie	ti (f.eks. ti stille!)
at sidde	sid (f.eks. sid stille!)
at høre	hør (f.eks. hør efter!)

Imperativen kombineres ofte med de forstærkende adverbier: *dog, da, nu, så*.

Alternativer til imperativer

Man skal passe på med brugen af imperativ. Imperativer kan virke provokerende.

Imperativen kan bruges i faresituationer: *Hjælp! Løb! Pas på!*

Man kan også bruge imperativ over for børn og i nogen grad over for gode venner. Men man skal passe meget på ikke at bruge imperativ over for fremmede, over for kolleger, chefer, embedsmænd, ekspedienter, tjenere etc.

Hvis man f.eks. sidder i et tog, hvor der er koldt, er det uhøfligt at sige:
Luk vinduet til personen ved vinduet.

I stedet kan man sige:
Undskyld, vil du godt lukke vinduet?
Undskyld, vil du ikke lukke vinduet?
Undskyld vil du være sød at lukke vinduet?
Undskyld, har du noget imod at lukke vinduet?
Undskyld, er her ikke meget koldt?

Omformuler følgende sætninger

På restaurant: *Tjener, giv mig en øl!*
I en forretning: *Pak den ind! Det er en fødselsdagsgave til min kone.*
Byt den her CD. Jeg har fået den i julegave, men jeg kan ikke lide den.
På arbejdspladsen: *Luk døren! Det trækker.* (Til kollega)
Skriv brevet med det samme! (Chefen til en medarbejder)
I klassen: *Ti stille! Du snakker for meget.*

Indsæt de manglende præpositioner

... Café Barcelona

Annette: Hej Kasper!
Kasper: Hej. Hvor er det længe siden!
Annette: Ja, hvor har du været?
Kasper: Jeg fik pludselig mulighed for at komme _____ Ebeltoft, du ved!
Annette: _____ Filmhøjskolen? Fedt! Fortæl! Fortæl! Har du lavet en ny storfilm?
Kasper: Næsten! Jeg var sammen _____ tre andre fyre, to tyskere og en gut _____ Litauen, og vi lavede en totalt weird produktion.
Annette: Hvad handlede jeres film _____?
Kasper: Den handlede _____ fire fyre, der laver en video _____ fire fyre, der laver en video.
Annette: Fire fyre, der laver en video _____ fire fyre, der laver en video?
Kasper: Ja, det kan godt være lidt svært at forklare, og de andre kunne heller ikke rigtig forstå den, men det var kanonsjovt at lave den! Vi arbejdede _____ morgen _____ aften de sidste tre uger. Ja, de sidste to nætter sov vi kun 3-4 timer.
Annette: Hvor længe var du der?
Kasper: To måneder.
Annette: Fik du det betalt _____ Arbejdsformidlingen?
Kasper: Ja, det er en del _____ min handlingsplan. Jeg vil jo gerne ind _____ Filmskolens manuskriptlinie, og så er det en stor fordel at have lidt praktisk erfaring.
Annette: Det lyder rigtig, rigtig spændende! Jeg bliver helt misundelig _____ dig!
Kasper: Ja, det kan jeg godt forstå, og ved du hvad? Den fyr _____ Litauen, ikke? Han har inviteret mig _____ Vilnius _____ sommer.

Annette: Hvor sejt! Men har du råd ___ det?

Kasper: Ja, ja, det koster næsten ikke noget. Der går en båd ___ København ___ Kleipeda, og så kommer Kazimieras og henter mig ___ sin fars gamle Lada.

Annette: Det lyder helt fint. Hvornår rejser du?

Kasper: Jeg skal ___ optagelsesprøve ___ Filmskolen ___ maj, så det kan først blive ___ begyndelsen ___ juni ... Men hvad ___ dig? Var der ikke noget ___, at du og kæresten skulle ___ Chile?

Annette: Nej, vi skal ___ Cuba. Vi rejser, når skolerne lukker, og vi har lært spansk ___ Studieskolen hele vinteren.

Kasper: Hvor er det typisk! I planlægger alting ___ mindste detalje! I er snart et rigtigt ægtepar! Hvorfor rejser I ikke ___ Spies?

Annette: Hold da op! Det er da slet ikke noget ___ os!

Kasper: Det kommer! Bare vent!

Annette: Uh, hvor er du trættende! Det er godt, vi ikke er kærester mere, Kasper!

Kasper: Så, så Annette! Det var jo bare ___ sjov!

Indirekte tale i præsens

Indirekte tale i præsens indledes med et af verberne *siger, fortæller, spørger* eller *svarer* og efterfølges af en ledsætning.

Ledsætningsstruktur:

konjunktion	subjekt	adverbial1	verbal1	verbal2	objekt (prædikativ)	adverbial2
Hun spørger, hvor	Kasper		har	været		
Han fortæller, at	han	lige	er	kommet		hjem fra Jylland

Læg mærke til, at det ikke er muligt at indlede en ledsætning med andet end subjektet.
En sætning som

Han fortæller, at i går er han kommet hjem fra Jylland.

er forkert. Den burde lyde

Han fortæller, at han er kommet hjem fra Jylland i går.

Omsæt følgende til indirekte tale i præsens!

Eksempel: *Annette: Hvor har du været?*
Annette spørger, hvor Kasper har været.

Kasper: Jeg fik pludselig mulighed for at komme til Ebeltoft.

Kasper siger, _____

Annette: Har du så lavet en ny storfilm?

_____

Kasper: Jeg var sammen med tre andre fyre, to tyskere og en gut fra Litauen, og vi lavede en totalt weird produktion.

_____

Annette: Hvad handlede jeres film om?

_____

Kasper: Den handlede simpelthen om fire fyre, der lavede en video.

_____

Kasper: Det kan godt være lidt svært at forklare, og de andre kunne heller ikke rigtig forstå den.

_____

Kasper: Vi arbejdede faktisk fra morgen til aften de sidste tre uger.

_____

Kasper: De sidste to nætter sov vi kun 3-4 timer.

Annette: Hvor længe var du der?

Kasper: Jeg var der desværre kun i to måneder.

Annette: Fik du det virkelig betalt af Arbejdsformidlingen?

Kasper: Det er en del af min handlingsplan.

Annette: Har du råd til det?

Kasper: Det koster næsten ikke noget.

Annette: Jeg bliver helt misundelig på dig!

Kasper: Det kan jeg godt forstå.

Spørgsmål

1) Hvem er Kasper?
2) Hvor har han været de sidste to måneder?
3) Hvad har han lavet der?
4) Hvem har betalt?
5) Hvad skal han lave i sommerferien?
6) Hvorfor?

Find fejlene og ret dem!

1) Åh, fortæller det nu!

2) Kasper fortæller, at han har lige været i Jylland.

3) Annette spørger, hvis han godt kunne lide at være på Filmhøjskolen.

4) Kasper svare, at det var spændende.

5) Annette spørger, om hvad han lavede i Ebeltoft.

6) Kasper svarer, at i Ebeltoft lavede han en film.

Lytte / forstå øvelse

Lyt til båndet og fortæl
- hvad Annette og Rikke snakker om
- hvem der underviser på skolen
- hvorfor Rikke har lyst til sådan noget
- hvorfor hun ikke har lyst til at få et fast job
- hvad hun drømmer om.

Frie opgaver

- Mange danske unge drømmer om en kunstnerisk karriere inden for teater, film, musik, billedkunst eller litteratur. Beskriv fordele og ulemper ved at vælge det kunstneriske frem for de mere traditionelle job. Hvad har du selv valgt og hvorfor?

- Nogle unge bryder sig ikke så meget om det traditionelle liv med ægteskab og børn, fast job, pensionsordning og livsforsikring, og de er godt tilfredse med et kreativt liv baseret på en lav indkomst som bistandshjælp eller arbejdsløshedsunderstøttelse. Findes der også sådanne alternative mennesker i dit land? Hvordan lever de?

Kapitel 3

Anders Axmark

Annettes 26-årige storebror, Anders, har altid travlt. Han arbejder på Novo Nordisk som økonom om dagen og studerer på Handelshøjskolen om aftenen. To gange om ugen går han til styrketræning i fitnesscenteret i Scala, og i weekenden går han på cafeer og diskoteker og scorer damer. Anders ser ret godt ud. Han er høj og lyshåret, muskuløs og solbrændt, og så har han altid det sidste nye tøj fra Hugo Boss og briller fra Armani. Det er dyrt, men Anders har råd til det. Han tjener godt, og han har hverken kone eller børn at skulle forsørge.

Anders har en ejerlejlighed på Frederiksberg. Den ligger på 5. sal, og om sommeren har han udsigt til alle de lække sild, der soler sig i Frederiksberg Have, og hvis der er nogen, der er helt rigtige, så kan han tage elevatoren og være i parken på under to minutter. Bedre kan man vist ikke bo!

Anders' lejlighed er totalt tjekket. Hvide vægge, sorte møbler med metalstel, moderne halogenspots og en trekantet metalpyramide midt på gulvet. Den er lavet af en kvindelig kunstner fra Berlin, som Anders engang lånte sin lejlighed.

Anders kan også godt lide at rejse, og han har tit mulighed for at rejse for firmaet, fordi det har mange kontakter i hele verden. Anders kan bedst lide at være i New York og i Hong Kong, for det er der, tingene sker lige nu. Det er her, man kan møde de virkelig interessante mennesker, her, man kan se den nye mode mange måneder, før den kommer til Danmark, og her, man kan tjene flest penge. Anders kunne godt tænke sig at få et job i New York. Det ville nok kunne imponere de gamle studiekammerater!

Anders har lige skiftet navn. Før hed han Andersen, men nu hedder han Axmark. Anders Axmark, det lyder tjekket, synes han, og nu må det være slut med amerikanernes evindelige spørgsmål, om han er oldebarn eller tipoldebarn af Hans Christian Andersen. Han gider ikke altid snakke om Andersen og det lille eventyrland, han kommer fra. Han vil ud i verden og frem, ikke sidde og hænge og være sentimental og national.

Anders læser to aviser hver dag, Berlingske Tidende og Financial Times, for han synes, at det er meget vigtigt at være velorienteret både nationalt og internationalt. Han er meget interesseret i politik, og han stemmer på partiet Venstre, fordi han synes, at Danmark er blevet alt for socialdemokratisk. Han betaler næsten 60 % af sin indtægt i skat, og mange af pengene går til hospitaler og skoler, som man kunne betale for selv, og til arbejdsløshedsunderstøttelse og socialhjælp til

mennesker, som ikke laver noget som helst for pengene. Folk ville have meget bedre af at blive tvunget til at lave noget for de penge, de får.

Anders har en halvkæreste i New York. Hun er dansker og arbejder for FN på Manhattan. Hun har inviteret Anders med til en gigantisk fest hos nogle VIPer på Upper East Side i næste måned, og Anders skal ud og købe helt nyt tøj og nye briller. Men inden han rejser, er han nødt til at tage ned til de gamle i Nakskov og fejre sin mors 50 års fødselsdag med alle tanterne og onklerne. Nå, men hvem ved? Måske tager hans søster sin totalt kiksede, men meget underholdende kæreste med, og så kan man jo altid få et rask lille skænderi om international politik.

Udtale

Det lange i udtales [i·]	*Tidende, spise, siden, sine*
og det kan have stød [i']	*sin, økonomi, rig, avis, lide, fordi, giver, skænderi*
Det korte i udtales [i]	*lille, billig, film, altid, aldrig, pilsner, kikset, skifte, flittig, disse, tisse, nordisk, titte, sit, temmelig, lejlighed, tipoldebarn*
eller [e]	*finde, kvinde, ikke, ligge, ind, Linda, forretning, træning, sætning, Flemming, skinke, Berlingske, flink, liste, til, hvis, lidt*
og [æ] efter r	*briller, bringe, ringe, rengøring, skriftlig, strikke, rigtig, brik, frisk, grim, Frederiksberg*
Foran en vokal udtales i som j:	*ferie, familie, linie, social, Christian, Marianne*
Nogle fremmedord følger ikke dette mønster:	*dialekt, pizzeria*
Helt specielt udtales pronomenerne:	*mig, dig, sig*

Lav sætninger med følgende faste udtryk

at have travlt med noget
at imponere nogen med noget
at blive tvunget til noget af nogen
at skændes med nogen om noget

Sætninger med fordi, selv om og hvis

Fordi, selv om og hvis indleder altid ledsætninger (se også s. 26):

En hovedsætning kan have to former:

Alternativ 1 uden inversion: *Jeg har ikke lavet mit hjemmearbejde i dag.*

Alternativ 2 med inversion: *I dag har jeg ikke lavet mit hjemmearbejde.*

En ledsætning kan kun have én form:
Jeg er i dårligt humør, fordi jeg ikke har lavet mit hjemmearbejde i dag.

Skriv sætningerne færdige!

Anders arbejder og studerer samtidig, fordi

I weekenden går han i fitnesscenteret, fordi

Hvis Anders får et job i New York,

Anders skal til fødselsdag hos sin mor, selv om

Hvis Venstre vinder næste valg,

Hvis Alexander kommer med til festen,

, fordi han gerne vil se godt ud.

Han dyrker styrketræning i Scala, fordi _____

Han har hverken kone eller børn, fordi _____

_____, fordi firmaet har kontakter i hele verden.

Anders har lige skiftet navn, fordi _____

Hvis _____, går Anders i Frederiksberg Have.

Anders vil gerne rejse til New York flere gange om året, selv om _____

Anders elsker New York, fordi _____

Indsæt de manglende præpositioner

Annettes storebror, Anders, har altid travlt. Han arbejder _____ Novo Nordisk som økonom _____ dagen og studerer _____ Handelshøjskolen _____ aftenen. To gange _____ ugen går han _____ styrketræning _____ fitnesscenteret Scala, og _____ weekenden går han _____ cafeer og diskoteker og scorer damer. Anders ser ret godt ud. Han er høj og lyshåret, muskuløs og solbrændt, og så har han altid det sidste nye tøj _____ Hugo Boss og briller _____ Armani. Det er dyrt, men Anders har råd _____ det. Han tjener godt, og han har hverken kone eller børn at skulle forsørge.

Anders kan også godt lide at rejse, og han har tit mulighed _____ at rejse _____ firmaet, fordi det har mange kontakter _____ hele verden. Anders kan bedst lide at være _____ New York og _____ Hong Kong, for det er der, tingene sker lige nu. Det er her, man kan møde de virkelig interessante mennesker, her, man kan se den nye mode mange måneder, før den kommer _____ Danmark, og her, man kan tjene flest penge. Anders kunne godt tænke sig at få et job _____ New York. Det ville nok kunne imponere de gamle studiekammerater!

Anders har lige skiftet navn. Før hed han Andersen, men nu hedder han Axmark. Anders Axmark, det lyder tjekket, synes han, og nu må det være slut _____ amerikanernes evindelige spørgsmål, _____ han er oldebarn eller tipoldebarn _____ Hans Christian Andersen. Han gider ikke altid snakke _____ Andersen og det lille eventyrland, han kommer _____. Han vil ud _____ verden og frem, ikke sidde og hænge og være sentimental og national.

Anders er meget interesseret ____ politik, og han stemmer ____ partiet Venstre, fordi han synes, at Danmark er blevet alt for socialdemokratisk. Han betaler næsten 60 % ____ sin indtægt ____ skat, og mange ____ pengene går ____ hospitaler og skoler, som man kunne betale ____ selv, og ____ arbejdsløshedsunderstøttelse og socialhjælp ____ mennesker, som ikke laver noget som helst ____ pengene. Folk ville have meget bedre ____ at blive tvunget ____ at lave noget ____ de penge, de får.

Anders har en halvkæreste ____ New York. Hun er dansker og arbejder ____ FN ____ Manhattan. Hun har inviteret Anders ____ en gigantisk fest hos nogle VIPer ____ Upper East Side ____ næste måned, og Anders skal ud og købe helt nyt tøj og nye briller. Men inden han rejser, er han nødt ____ at tage ned ____ de gamle ____ Nakskov og fejre sin mors 50 års fødselsdag med alle tanterne og onklerne. Men hvem ved? Måske tager hans søster sin totalt kiksede, men meget underholdende kæreste ____, og så kan man jo altid få et rask lille skænderi ____ international politik.

Spørgsmål

1) Hvad laver Anders?
2) Hvordan ser han ud?
3) Hvad laver han i weekenden?
4) Hvorfor kan han godt lide New York?
5) Hvorfor hedder han Axmark til efternavn?
6) Hvorfor stemmer Anders på partiet Venstre?
7) Hvad skal Anders lave i næste måned?
8) Glæder Anders sig til sin mors fødselsdag?
9) Hvorfor? / Hvorfor ikke?

Samtaler

Anders er på vej ind i Scala en lørdag morgen. Pludselig ser han
- sin gamle kammerat fra folkeskolen
- sin gamle lærer
- en tidligere halvkæreste

De taler om, hvordan det går, hvad de laver, hvordan de bor, hvad de laver i fritiden, og hvad de drømmer om. Lav samtalerne:

A: Er det ikke Anders?
B: Jo.
A: Kan du ikke huske mig? …

Find fejlene og ret dem!

1) Anders går tit i fitnesscenteret, fordi han kan godt lide at være i god form.

2) Selv om det er lidt dyrt, han rejser til New York flere gange om året.

3) Han rejser i Novo Nordisk.

4) Han høre ikke efter, hvad hans mor siger.

5) Han elsker at kører bil.

6) Anders er meget tilfreds med sin arbejdsplads, fordi på Novo Nordisk er der mange spændende arbejdsopgaver.

Lytte / forstå øvelse 3

Lyt til båndet og fortæl
- hvad Anders og Jesper snakker om
- hvad Jesper laver
- om det går godt med Jespers firma
- hvad han vil udvide med
- hvad du synes om Jesper.

Frie opgaver

- Beskriv, hvad der efter din opfattelse skal til for at tjene mange penge i Danmark.

- Hvilke forskelle er der på mulighederne for at opnå økonomisk succes i Danmark og i dit land?

Kapitel 4

En telefonsamtale

Kontorassistent:	Det er Novo Nordisk. Goddag.
Annette:	Mit navn er Annette Andersen. Jeg vil gerne tale med min bror, Anders Andersen.
Kontorassistent:	Undskyld, hvad var navnet?
Annette:	Anders Andersen.
Kontorassistent:	Vi har flere, der hedder Anders Andersen.
Annette:	Han er økonom og arbejder i eksportafdelingen.
Kontorassistent:	Det kan ikke passe. Har De ikke hans lokalnummer?
Annette:	Jeg er ikke helt sikker, men jeg tror, det er 413.
Kontorassistent:	Lige et øjeblik!
Anders:	Anders Axmark.
Annette:	Hvad?
Anders:	Hallo? Er der nogen?
Annette:	Er det dig, Anders?
Anders:	Ja da! Hej Annette!
Annette:	Hvad var det du sagde?
Anders:	Åh ja, jeg er ked af det. Måske skulle jeg have fortalt jer det før.
Annette:	Hvad skulle du have fortalt os?
Anders:	At jeg har skiftet navn. Jeg var så træt af at hedde Andersen. Der var aldrig nogen, der kunne finde mig i telefonbogen, og i USA skulle jeg altid svare på fjollede spørgsmål om H.C. Andersen.
Annette:	Hvad tror du far og mor siger til det?
Anders:	Aner det ikke! Du, var der noget, du ville – eller ringer du bare for at snakke om mit navn?
Annette:	Jeg ringer for at spørge, om vi skal købe en gave sammen til mors fødselsdag.
Anders:	Ja, hvis du gider at købe den.
Annette:	Det skal jeg nok. Men hvad?
Anders:	Hvad synes du?
Annette:	Jeg har tænkt på, at vi kunne købe en havestol, som hun kunne sidde og slappe af i ude i haven.
Anders:	Hun kan sgu ikke slappe af. Hun farer altid rundt og slår græs og luger og snakker med naboen over hækken.
Annette:	Ja, men hun bliver jo ikke yngre.

Anders:	Nej, men hvad med at give hende en rigtig lækker parfume fra Paris.
Annette:	Tror du, det er noget for hende?
Anders:	Ja, det tror jeg egentlig. Ved du hvad? Jeg har lidt travlt. Jeg er lige ved at lave et vigtigt budget. Kan du og Alexander ikke komme forbi i aften, så giver jeg en kop te? I har jo heller ikke set min nye lejlighed endnu.
Annette:	Det er en god idé. Ved 8-tiden, f.eks.?
Anders:	Strålende. Strålende. Vi ses.
Annette:	Farvel, hr. Axmark.
Anders:	Farvel, frk. Andersen.

Udtale

Det danske d kan udtales som et hårdt d [d], eller et blødt d [ð] og i nogle tilfælde udtales det slet ikke :

[d] først i et ord, efter konsonant
og først i trykstærk stavelse: *danskere, højde, andre, fordrage*

[ð] efter vokal: *kiksede, altid, bedre, tidende,*
hedder, mode, måneder, tid, rød

bogstavet d udtales ikke i følgende kombinationer:

nd: *Anders, land, mand, hundrede,*
skænderi,
ld: *sild, skyld, vild, gæld,*
holdning, tilfælde
ds: *sidst, pludselig, plads, fødsel*

Tryk

Alle ord af dansk oprindelse har tryk på første stavelse:
'gerne, 'tale, 'navnet, 'flere, 'hedder, 'arbejder

I ord med præfikserne for-, be-, ge-, u-, mis- ligger hovedtrykket på anden stavelse:
for'drage, be'søg, ge'valdigt, u'trolig, mis'undelig

Alle de ord, der giver ny information har tryk i sætninger, mens ord som artiklerne (en, et, nogen, noget), pronomener og verberne 'at være, blive og have' ikke har tryk – medmindre man ønsker at fremhæve dem specielt:

Jeg er træt
Jeg 'er træt

Præpositionsforbindelser udtales med tryk på styrelsen, når det er et substantiv eller et proprium:
Jeg vil 'gerne 'tale med min 'bror. Han 'arbejder i eks'portafdelingen.

Hvis præpositionen står foran et ubetonet pronomen, ligger trykket på præpositionen:
Jeg vil 'gerne 'tale 'med ham. Jeg er 'ked 'af det.

I forbindelse med mængdeangivelser er der kun tryk på sidste led:
en kop 'kaffe, et glas 'vin, et par mi'nutter.

Det samme gælder for faste forbindelser mellem et verbum og en verbalpartikel:
at stå 'op, at købe 'ind, at slappe 'af.

Navne udtales ofte med hovedtryk på sidstedel: *Anders 'Andersen, Novo 'Nordisk*

Udtaleøvelse

Lyt til båndet og marker de ord i teksten, der bliver betonet.

Lav sætninger med følgende faste udtryk

at være ked af noget
at være træt af noget
at være sikker på noget
at være noget for nogen
at komme forbi nogen/noget

Indirekte tale i nutid

Eksempel: *Kontorassistent: Det er Novo Nordisk.*
Kontorassistenten siger, at det er Novo Nordisk

Annette: Mit navn er Annette Andersen.

Annette: Jeg vil gerne tale med min bror, Anders Andersen.

Kontorassistent: Hvad er navnet?

Annette: Min bror hedder Anders Andersen.

Kontorassistent: Vi har flere, der hedder Anders Andersen.

Annette: Han er økonom og arbejder i eksportafdelingen.

Kontorassistent: Det kan ikke passe.

Kontorassistent: Har De ikke hans lokalnummer?

Annette:	Jeg er ikke helt sikker, men jeg tror, det er 413.
Anders:	Er der nogen?
Annette:	Er det dig?
Annette:	Hvad var det, du sagde?
Anders:	Det burde jeg måske have fortalt jer før.
Annette:	Hvad skulle du have fortalt os?
Anders:	Jeg har skiftet navn.
Anders:	Jeg var så træt af at hedde Andersen.
Anders:	Der var aldrig nogen, der kunne finde mig i telefonbogen, og i USA skulle jeg altid svare på fjollede spørgsmål om H.C. Andersen.

Annette: Hvad tror du, vores far og mor siger til det?

Anders: Det aner jeg ikke!

Anders: Ringer du bare for at snakke om mit navn?

Annette: Jeg ringer for at spørge, om vi skal købe en gave sammen til mors fødselsdag.

Indirekte tale i præteritum

Når man refererer, hvad en person tidligere har sagt, anvendes tidsforskydning på følgende måde:

Præsens forskydes til præteritum:

Annette: *Jeg hedder Annette Andersen.*
Annette sagde, at hun hed Annette Andersen.

Præteritum og perfektum forskydes til pluskvamperfektum:

Annette: *Jeg har været syg tre gange sidste år, og jeg var syg igen i går.*
Annette sagde, at hun havde været syg tre gange året før, og at hun havde været syg igen dagen før.

Futurum forskydes til futurum exactum:

Annette: *Jeg vil gerne rejse til Cuba.*
Annette sagde, at hun gerne ville rejse til Cuba.

Verbernes bøjning

	Infinitiv	Præsens	Præteritum	Perfektum
Bøjning 1	at ane	aner	anede	har anet
	at arbejde	arbejder	arbejdede	har arbejdet
	at luge	luger	lugede	har luget
	at ringe	ringer	ringede	har ringet
	at skifte	skifter	skiftede	har skiftet
	at slappe	slapper	slappede	har slappet
	at snakke	snakker	snakkede	har snakket
	at svare	svarer	svarede	har svaret
	at tro	tror	troede	har troet
Bøjning 2	at besøge	besøger	besøgte	har besøgt
	at læse	læser	læste	har læst
	at mene	mener	mente	har ment
	at tænke	tænker	tænkte	har tænkt
Uregelmæssig bøjning	at blive	bliver	blev	er blevet
	at fare	farer	for	er / har faret
	at finde	finder	fandt	har fundet
	at fortælle	fortæller	fortalte	har fortalt
	at give	giver	gav	har givet
	at have	har	havde	har haft
	at hedde	hedder	hed	har heddet
	at komme	kommer	kom	er/har kommet
	at kunne	kan	kunne	har kunnet
	at se	ser	så	har set
	at sidde	sidder	sad	har siddet
	at sige	siger	sagde	har sagt
	at spørge	spørger	spurgte	har spurgt
	at skulle	skal	skulle	har skullet
	at slå	slår	slog	har slået
	at synes	synes	syntes	har syntes
	at tage	tager	tog	har taget
	at ville	vil	ville	har villet
	at være	er	var	har været

Udtalen af verbernes bøjningsendelser

Infinitiv
Alle infinitiver ender på et trykløst e, som udtales [ə] i distinkt tale. I mindre omhyggeligt sprog bortfalder endelsen, men i stedet bliver en eventuel lang vokal i verbets stamme forlænget. Hvis der ikke er en lang vokal i verbets stamme, gøres konsonanten længere. Dette fænomen kaldes apokope.

at læse   Jeg vil gerne læse bogen

Apokopen rammer dog ikke verber, der har et r i stammen. I *gøre, køre* og *høre* smelter re sammen til lyden [ɔ]

Præsens
Endelsen -er udtales [ɔ]: *siger, taler, slapper*
En række uregelmæssige verber udtales anderledes, end man kunne forvente:
bliver, giver, tager, siger, kan, skal, vil.

Præteritum
Endelsen -ede udtales altid med blødt d, og ofte apokope:
Jeg anede det ikke.
Han arbejdede hele aftenen.
I weekenden spillede de kort.

Endelsen -te udtales med hårdt d og ofte apokope:
Jeg læste bogen i går aftes.
De tænkte længe over det.
Der er en række specielle forhold i forbindelse med de uregelmæssige verber.
Uregelmæssige verber: *blev, gav, tog, sagde, kunne, skulle, ville, havde*

Perfektum
Endelsen -et udtales altid med blødt d.
anet, slappet, arbejdet

Endelsen -t udtales altid som et hårdt d.
læst, tænkt, spist

På grund af apokopen i præteritum bliver der ofte sammenfald mellem udtalen af præteritumformen og perfektum participium.

Tidsangivelser med reference til taletidspunktet	**Tidsangivelser uden reference til taletidspunktet**
i går	dagen før
i forgårs	to dage før
i dag	samme dag
i morgen	dagen efter
i overmorgen	to dage efter
i næste uge	ugen efter
i aften	om aftenen
om aftenen	om aftenen
til sommer	sommeren efter / den kommende sommer
i vinter	vinteren før / den foregående vinter

Omsæt følgende til indirekte tale i præteritum!

Eksempel: *Kontorassistent: Det er Novo Nordisk.*
Kontorassistenten sagde, at det var Novo Nordisk

Annette: Mit navn er Annette Andersen.

Annette: Jeg vil gerne tale med min bror, Anders Andersen.

Kontorassistent: Hvad er navnet?

Annette: Min bror hedder Anders Andersen.

Kontorassistent: Vi har flere, der hedder Anders Andersen.

Annette: Han er økonom og arbejder i eksportafdelingen.

Kontorassistent: Det kan ikke passe.

Kontorassistent: Har De ikke hans lokalnummer?

Annette: Jeg er ikke helt sikker, men jeg tror, det er 413.

Anders:	Er der nogen?
Annette:	Er det dig?
Annette:	Hvad var det, du sagde?
Anders:	Jeg er ked af det.
Annette:	Hvad siger du?
Anders:	Jeg har skiftet navn.
Anders:	Jeg var så træt af at hedde Andersen.
Anders:	Der var aldrig nogen, der kunne finde mig i telefonbogen, og i USA skulle jeg altid svare på fjollede spørgsmål om H.C. Andersen.
Annette:	Hvad tror du, vores far og mor siger til det?

Anders: Det aner jeg ikke!

Anders: Ringer du bare for at snakke om mit navn?

Annette: Jeg ringer for at spørge, om vi skal købe en gave sammen til mors fødselsdag.

Fri grammatisk øvelse

Annette fortæller sin kæreste om samtalen med Anders.

Annette: Jeg snakkede med Anders i formiddags. Jeg spurgte ham, om han …
Alexander: Hvad sagde han?
Annette: Han sagde, at …

En uheldig køretur

Indsæt infinitiv eller præsens af verbet *at køre* i teksten!

Anders elsker _____ bil. Han _____ tit, og han _____ stærkt. Hans mor vil ikke _____ med ham mere. Hver gang de _____ sammen, skændes de om, hvor hurtigt, man bør _____ "Man må kun _____ 110 kilometer i timen på de danske motorveje", siger hun. "Man sinker trafikken, hvis man _____ så langsomt", svarer han. "Det er ikke nogen undskyldning, at de andre også _____ for hurtigt", siger hun så. "Men det er typisk for dig _____ vildt. Jeg kan stadig se dig _____ rundt og skrige ba-bu-ba-bu i din lille røde plastikbrandbil." "Mor", siger Anders surt, "Tror du, jeg har købt en BMW for _____ som en gammel tante? Der er ikke andre end gamle tanter, der _____ så langsomt." Anders trykker på speederen. "Hvis du ikke holder op med _____ så hurtigt, står jeg af", siger hans mor vredt. Pludselig ser de en mærkelig stribet bil med et blinklys på taget. "Kors i hytten! Det er politiet, der _____ der", udbryder Anders. "Ja!" siger hans mor triumferende. "Hvad sagde jeg? Nu får du nok en bøde for _____ for stærkt." "Vorherrebevares!" mumler Anders, mens han _____ ind til siden. "Hvorfor lader den mand mig ikke bare _____ i fred?" En politibetjent kommer hen til bilen: "Navn? Adresse? _____ kort, tak!" Ved De, man kun må _____ 110 kilometer i timen her?" "Vi har set Dem _____ mindst 130." "Vi sender Dem en hilsen med posten. Farvel – og husk nu _____ forsigtigt resten af turen." Resten af turen _____ Anders uden at sige et ord, og næste gang hans mor skal til København, må hun _____ med toget.

Adjektivdeklination

1. Regelmæssige adjektiver:

Utrum	Neutrum	Pluralis /definit
pæn	pænt	pæne
kedelig	kedeligt	kedelige
sjov	sjovt	sjove
fed	fedt	fede

2. Adjektiver med kort vokal får dobbeltkonsonant i pluralis/definit form:

Utrum	Neutrum	Pluralis /definit
smuk	smukt	smukke
flot	flot	flotte
grøn	grønt	grønne

3. Adjektiver på -er, -en og -el mister et -e- i pluralis / definit form:

Utrum	Neutrum	Pluralis /definit
lækker	lækkert	lækre
voksen	voksent	voksne
gammel	gammelt	gamle

4. Adjektiver på -sk får ikke -t i neutrum:

Utrum	Neutrum	Pluralis /definit
dansk	dansk	danske
spansk	spansk	spanske
typisk	typisk	typiske

5. Adjektiver på -s får hverken -t i neutrum eller -e i pluralis:

Utrum	Neutrum	Pluralis /definit
stakkels	stakkels	stakkels
gammeldags	gammeldags	gammeldags

6. **Adjektiver på -e ændrer ikke form under deklinationen (bortset fra lille, der har formen små i pluralis, men hedder lille i definit form):**

Utrum	Neutrum	Pluralis /definit
moderne	moderne	moderne
spændende	spændende	spændende
lille	lille	små / lille

7. **Adjektiver på -et får -ede i pluralis / definit form:**

Utrum	Neutrum	Pluralis /definit
stribet	stribet	stribede
bekymret	bekymret	bekymrede
kikset	kikset	kiksede

8. **Adjektiver på trykstærk vokal får ikke -e i pluralis / definit form (undtagen ny):**

Utrum	Neutrum	Pluralis /definit
blå	blåt	blå
grå	gråt	grå
ny	nyt	nye

9. **Adjektivet fremmed får ikke -t i neutrum:**

Utrum	Neutrum	Pluralis /definit
fremmed	fremmed	fremmede

10. **Adjektiver, der er overtaget fra andre sprog, bøjes normalt ikke:**

Utrum	Neutrum	Pluralis /definit
weird	weird	weird
cool	cool	cool(e)

Udtalen af adjektivernes bøjningsendelser

Udtalen af adjektivernes endelser er helt regelmæssig:

Neutrumendelsen -t udtales som et hårdt d: *pænt, kedeligt, sjovt*

Endelsen -e i pluralis og definit form udtales [ə] i meget distinkt tale, men bliver ramt af apokope i mindre omhyggeligt sprog (sammenlign med side 50):
gule, røde, store, grønne, lille, kønne

Endelsen -ede udtales med blødt d, og ofte rammes e-et af apokope: *stribede, bekymrede, kiksede, fremmede.*

Indsæt de manglende adjektiver

Anders: Hej Annette og Alexander. Kom indenfor!
Annette: Tak skal du have. Hvor er det dog _____ vejr!
Anders: Ja, det er _____ Men kom nu og sæt jer ned! Hvad vil I have? Whisky?
Alexander: Har du ikke en _____ Tuborg?
Anders: Tuborg? Nej, men jeg har noget _____ rødvin. Var det noget?
Annette: Ja, tak. Hvor er her _____! Alexander, har du set de _____ lamper? Og den _____ sofa med de _____ ben! Hvor er den bare _____!
Anders: Tak, skal du have.
Alexander: Hvad er det der for en _____ metalting?
Anders: Det er et _____ kunstværk, der er lavet af en _____ kunstner, jeg kender. Hvad synes I om det?
Alexander: Jeg synes, at det er _____, men er det ikke lidt for _____? Du har næsten ikke plads til møbler.
Anders: Det gør ikke noget.
Alexander: Hvor meget vejer det?
Anders: Omkring 22 kg.
Alexander: Jeg synes, du skulle sælge det som _____ jern!
Anders: Hvadbehager?
Alexander: Måske kunne du sælge det?
Anders: Jamen, hvorfor skulle jeg dog det? Jeg synes jo, at det er _____
Alexander: Måske kunne du flytte den _____ sofa væk fra vinduet og stille den langs væggen, og så kunne du flytte dit _____ kunstværk frem i lyset. Det ville give en _____ balance.
Annette: Så, så, Alexander. Jeg tror, at Anders godt kan lide at sidde her og kigge ud ad vinduet. Her er virkelig en _____ udsigt.
Alexander: Er det rigtigt, at du har fået _____ efternavn?
Anders: Ja.
Alexander: Det er _____ Jeg kunne sgu også godt tænke mig at skifte navn.
Anders: Hvad ville du hedde?
Alexander: Hvad med Andersen? Det er sådan et _____, _____ navn, ikke?
Anders: Skal I giftes?
Annette: Nej, nej. Han prøver bare på at være _____

Anders:	Hvordan var din fødselsdagsfest, Alexander? Ja, undskyld, at jeg ikke kunne komme. Men jeg var nødt til at tage til New York for firmaet.
Alexander:	Den var rigtig, rigtig _____ Og tak for det _____ vækkeur!
Anders:	Ja, det var så lidt. Annette siger, at du synes, at det er _____ at stå op om morgenen, så jeg har købt et meget _____ vækkeur.
Alexander:	Ja, det var _____ af dig, men jeg har byttet det til en _____ cd.
Anders:	Nå, ja. Det var jo også kun for _____ Fik du nogen andre gaver?
Alexander:	Ja, jeg fik en _____, _____ kaffekande med seks _____ kaffekopper af Annette.
Annette:	Ja, jeg har købt det i den _____ forretning nede på Nørrebrogade.
Alexander:	Det er enormt _____
Anders:	Ja, det lyder _____, men hvor vil I have det? I har så mange ting allerede.
Annette:	Det står på vores _____ sofabord foran den _____ lædersofa.
Anders:	Hvorfor stiller I det ikke i vinduet?
Annette:	Der står vores _____ plante, og i reolen er der heller ikke plads. Der står alle vores _____ bøger.
Anders:	Hvorfor smider I ikke nogle af jeres _____ ting ud?
Annette:	Hvad for eksempel?
Anders:	Den der _____, _____ lampe.
Alexander:	Jeg synes altså ikke, at den er så _____
Annette:	Vi har fået den af Alexanders _____ mormor.
Anders:	Nå, undskyld. Det vidste jeg jo ikke. Hvorfor finder I ikke en _____ lejlighed?
Alexander:	Vi tjener ikke så meget, som du gør.
Anders:	Nej, men man kan godt få en _____ lejlighed i Tåstrup eller Ishøj. Jeg kender en, der …
Alexander:	Vi kan altså ikke så godt lide _____ betonbyggeri, og ved du hvad? Det er altså ret _____ at bo på Nørrebro. Tænk på alle de _____ cafeer, vi har lige rundt om hjørnet, - og de _____, _____ butikker på Nørrebrogade og Fælledvej. Og hvis jeg tager min _____ cykel, er jeg i centrum på under 5 minutter.
Annette:	Vi skal også spare. Alexander og jeg skal ud på en _____ rejse til sommer.

Anders:	Det lyder _____ Hvor skal I hen?
Annette:	Til Cuba.
Anders:	Til Cuba? Hvad I alverden vil I lave der?
Alexander:	Rejse rundt med _____ busser og se på _____ byer. Cuba er virkelig _____ nu, og Havanna har en meget _____ arkitektur.
Anders:	Den er da ikke så _____ som den i New York.
Alexander:	New York! Vi kender alle de _____ huse fra fjernsynet. Vi vil se noget _____ og _____
Anders:	Det kan da være _____ Der er ikke så meget politi på gaderne, har jeg hørt.
Alexander:	Jeg tror ikke, at det er _____ end i New York.
Anders:	Jamen, har I råd til det?
Annette:	Vi køber _____ mad og _____ tøj, og Alexander arbejder lidt mere på postterminalen.
Anders:	Sig mig, Alexander, skal du aldrig være _____ med dit studium?
Alexander:	Om jeg bliver _____ et år før eller siden, det kan vist ikke være et _____ problem.
Anders:	Nej, nej, _____ ord igen. Men vi har jo helt glemt at drikke. Skal vi skåle for jeres _____ ferieplaner?
Alexander:	Ja, og skål for dit _____ kunstværk.
Annette:	I er sgu lige _____, I to! Skål! Nå, klokken er mange. Jeg tror, vi skal gå snart.
Alexander:	Ja, vi må se at komme af sted, før det bliver _____ Jeg har glemt min cykellygte.
Anders:	Ja, men farvel. Det var _____ at se jer.
Annette:	Ja, og til lykke med din _____ lejlighed. Den er virkelig _____.
Anders:	Tak skal du have. Hej ... Jeg synes, der er noget, jeg har glemt ...
Alexander:	Hvis du kommer i tanke om noget, kan du jo bare ringe. Hej!
Anders:	Hej-hej!
Annette:	Hej – og tak for i aften!

Find fejlene og ret dem!

1) Anders Axmark arbejder som økonom i dagen

2) Han ser vældig god ud.

3) Han har lige skiftet sit navn.

4) Han elsker at score nye damer, selv om har han en halvkæreste i New York.

5) Han elsker at kører bil.

6) Han har det altid travlt.

7) Han kan godt lide at skændes med Alexander over politik.

8) Han er meget interesseret for politik.

9) Han synes, at Alexander er kiksede, fordi han ikke er færdig med sin uddannelse endnu

10) Annette siger, at i eksportafdelingen arbejder hendes bror.

Lytte / forstå øvelse

Lyt til båndet og fortæl
- hvem Annette ringer til
- hvad hun fortæller hende
- hvordan hendes mor reagerer.

Frie opgaver

- I Danmark er det ikke så svært at skifte navn, og der er mange om året, der gør det. Hvilke grunde kan der være til, at en person ønsker et nyt navn?

- Anders Axmark vil gerne tilhøre det internationale jet-set, og han synes, at nationalisme er noget umoderne vrøvl. Er du enig med ham? Hvorfor / hvorfor ikke?

Kapitel 5
Flemming og Linda

Flemming og Linda Andersen bor i Nakskov på Lolland. Flemming er 52 år gammel, og han har en slagterforretning i gågaden. Det går ikke så godt med "Slagter Andersen" mere. Det er svært at klare sig i konkurrencen med Brugsen og Netto. Mange af byens 17.000 indbyggere er arbejdsløse, så der er ikke mange, der har råd til at købe slagterens gode, men temmelig dyre kød. Det var anderledes for 20 år siden, da Flemming overtog forretningen fra sin gamle mester. Dengang skulle alle have et par gode bøffer i weekenden, og en stor flæske- eller oksesteg ved festlige lejligheder. I dag køber de fleste bare en dybfrossen lammekølle fra New Zealand i Netto eller en billig pizza hos tyrkerne oppe på torvet. Flemming har kun en mand ansat i dag, og hans kone Linda må arbejde som hjemmehjælper for at få økonomien til at hænge sammen.

Flemming og Linda bor i et lille hus nede ved fjorden. De er meget stolte af deres hus. Det er et parcelhus fra 70erne med to stuer, et soveværelse, et børneværelse og et værksted. Flemming elsker at arbejde i værkstedet. Han ordner alt i huset selv. Han elsker at male og reparere, så alt er perfekt. Hans kone er meget dygtig til at passe haven, især køkkenhaven. Her har de kartofler, gulerødder, salat og ærter, og i drivhuset har de tomater og agurker. De behøver næsten ikke at købe noget selv, så de sparer en masse penge hvert år. Alt i alt lever de meget billigt og fornuftigt, og hvis der er et eller andet i huset, de ikke kan reparere selv, har de mange venner, der kan hjælpe dem med det.

Om aftenen kan Flemming og Linda godt lide at slappe af derhjemme. De ser altid tv-avisen fra TV2 og de regionale nyheder samtidig med, at de får deres aftenkaffe, og bagefter ser de en film. De kan bedst lide danske film, og hvis der ikke er nogen ordentlige film i fjernsynet, ser de tit en af de gode, gamle på video. Flemming er vild med Olsenbanden, og han har optaget alle filmene fra fjernsynet.

Flemming og Linda har også et sommerhus på Albuen. Det er et pænt, gammelt hus, som de har arvet fra Lindas forældre, og som Flemming har sat i stand. De holder meget af deres sommerhus, men det er sjældent, at de bor i det selv, for i hele perioden fra påskeferien og til og med efterårsferien lejer de huset ud til turister. Det kan godt være lidt besværligt at tage ud og se efter, om alt er i orden en gang om ugen, men det giver gode penge, og de har brug for pengene nu, fordi de tjener så lidt på forretningen.

Linda er glad for sit arbejde som hjemmehjælper. Hun har altid boet i Nakskov, og hun har kendt mange af de gamle, som hun skal hjælpe, i mange år. Mange af de gamle bor alene i deres lejligheder, og de er lykkelige for, at Linda kommer og hjælper med indkøb og rengøring – og også tager sig tid til at snakke lidt med dem. De snakker mest om det, der sker i byen nu, men de snakker selvfølgelig også om deres familier, mest om deres børn og børnebørn.

Flemming og Linda har tre børn. Den yngste Sille på 13 bor hjemme, men de to store er flyttet til København. Flemming og Linda er meget stolte af deres søn Anders, der er økonom i Novo Nordisk, og som kommer og besøger dem et par gange om året i sin smarte BMW. Anders er en meget flot og intelligent mand på 26 år med store ambitioner og meget energi. Desværre ligner deres to store børn ikke hinanden så meget, og de er somme tider lidt bekymrede for deres datter, som bor i et dårligt kvarter i København sammen med en langhåret fyr, der arbejder på Postterminalen.

Linda fylder 50 sankthansaften, og det glæder hun sig meget til. Hun og Flemming har ikke bare inviteret hele familien. De har også sendt indbydelser til alle vennerne, naboerne og et par af Flemmings venner fra roklubben. Det bliver en kæmpestor fest, og de håber, at det bliver godt vejr, så de kan spise i haven og danse på terrassen.

Udtale

Vokalerne u, o og å

u o å

u

Langt u udtales [u·]	*uge, bruge, Albuen*
eller med stød [u']	*klud, rug, ur, mur, sur, tur, hus, mus*
Kort u udtales [u] i forstavelsen u, foran s, d, t, n, ld og sidst i ord	*ulykke, umulig, uheldig, urimelig, skulle, gulerødder, fuld, bus, huske, gut, hund, rugbrød, klubben, nu, endnu*
eller [å] sammen med r og foran f, k, g, m, nd, l	*brugt, frugt, Hellerup, kuffert, luffer, fornuftig, lukke, sukker, dum, summe, undgå, undvære, lunge, tvunget, sunket, under, undskyld, sund, lund, fund, gulv, hul, kul, nul*

o

Langt o udtales [o·]	*kone, mode, pose, rose, skole, sodavand*
Eller med stød [o']	*blod, bror, bo, bor, fod, god, sol, stol, stor, to, station, revolution, resolution*
Diftong sammen med g og v [åw] Diftongen kan have stød:	*kloge, love, bog, klog, sprog*

Kort o udtales
som tre forskellig å-lyde: *bomme, ond, onkel, onsdag, hos, ost, moske, fejekost*

Det udtales mere åbent i andre: *lod, odder, trods, godt, kold, tolv, fjolle, rolle, ton, honning, los, tosset, post, Lotte, potte, og, bokse, sokker, kok, loft, blomst, blomme, omme, tom, fattigdom, sygdom, ungdom, oppe, loppe*

men mest åbent i forbindelse med r: *orden, morgen, alvor, frokost, form, enorm, storm, bort, kort, Norge, sorg, torv, vores, for, fordi, forkølet, forretning*

å

Langt å udtales altid [å·] *både, dåse, låne, låse, måne, råbe*

og det kan have stød [å'] *båd, grå, gå, våd, ål, på, så*

Kort å udtales mere åbent: *hånd, ånd, så (konj), påkøre, påtage*

Participier som adjektiver

Perfektum participium af verber kan bruges ligesom adjektiverne og bøjes på samme måde som dem:

Bøjning 1 (se side 49)

at lave – har lavet

efter indefinit artikel:

en færdiglavet ret   *et færdiglavet måltid*   *to færdiglavede retter*

efter definit artikel:

den færdiglavede ret   *det færdiglavede måltid*   *de færdiglavede retter*

som subjektsprædikativ:

retten er færdiglavet   *måltidet er færdiglavet*   *retterne er færdiglavede*

Bøjning 2

at stege - har stegt

efter indefinit artikel:

en stegt and   *et stegt ben*   *to stegte duer*

efter definit artikel:

den stegte and   *det stegte ben*   *de stegte ænder*

Som subjektsprædiktiv:

anden er stegt   *benet er stegt*   *duerne er stegte*

Uregelmæssig bøjning

Tidligere havde de uregelmæssigt bøjede verber en perfektum participiumform på -en. Denne bruges stadig især i definit form og i pluralis i forbindelse med en lille gruppe verber. Hvor det ofte er muligt at bruge både den regelmæssige og den uregelmæssige form i de indefinitte singularformer, er der kun en mulighed i pluralis og i definit form.

at fryse - har frosset

efter indefinit artikel:

en frossen lammekølle   *et frossent ben*   *frosne grøntsager*
   (frosset)   *(frosset)*

efter definit artikel:

den frosne lammekølle   *det frosne ben*   *de frosne grøntsager*

Som subjektsprædiktiv:

lammekøllen er frossen *benet er frossent*   *grøntsagerne er frosne*
   (frosset)   *(frosset)*

De vigtigste verber i denne gruppe er:

at svide - har sviet   *den svedne pizza*
at stjæle - har stjålet   *de stjålne penge*
at springe - er sprunget   *de oversprungne kapitler*
at skrive - har skrevet   *de underskrevne kontrakter*
at rive - har revet   *revne gulerødder*
at finde - har fundet   *fundne sager*
at binde - har bundet   *en bunden opgave*
at forsvinde - er forsvundet *den forsvundne check*
at blive - er blevet   *det tiloversblevne*
at tage - har taget   *de gentagne trusler*
at trække - har trukket   *de udtrukne lotterinumre*
at give - har givet   *de givne omstændigheder*

Dan participialkonstruktioner med følgende verber!

Eksempel: *at udkonkurrere nogen*
en udkonkurreret virksomhed – den udkonkurrerede virksomhed

at slappe af

at gentage noget

at elske nogen

at rive noget

at arve noget

at forsvinde

at stjæle

at læse

at bekymre sig

at skrive noget

at invitere nogen

Lav sætninger med følgende faste udtryk

at være stolt af noget
at være bekymret for nogen
at have brug for noget
at være dygtig / dårlig til noget

Da og når

De to konjunktioner *da* og *når* kan begge bruges i forbindelse med verber i præteritum, men hvor da betyder dengang da, og altså betegner noget, der kun skete en gang, betyder når hver gang, og betegner altså noget, der skete flere gange.

Skriv sætningerne færdige!

Flemming overtog slagterforretningen, da

Det var en meget god forretning, da

Da Netto åbnede,

, da Lindas forældre døde.

Flemming begyndte at reparere sommerhuset, da

Da han var færdig med at reparere det,

Linda begyndte at arbejde som hjemmehjælper, da

Der var mange, der købte dyre bøffer og flæskestege, når

Flemming og Linda arbejder i haven, når

Flemming reparerer selv sit hus, når

Når der en sjælden gang er noget, han ikke kan selv,

Når de har brug for grøntsager,

Når _____, kommer der mange tyske turister til Lolland.

Flemming og Linda er nødt til at tage ud til sommerhuset og kontrollere, om alt er i orden, når

Når Linda er hos de gamle,

Når Anders kommer og besøger dem i sin dyre bil,

Når _____, bliver de bekymrede.

Når Linda fylder 50,

Indsæt de manglende præpositioner

Flemming og Linda Andersen bor _____ Nakskov _____ Lolland. Flemming er 52 år gammel, og han har en slagterforretning _____ gågaden. Det går ikke så godt _____ "Slagter Andersen" mere. Det er svært at klare sig _____ konkurrencen _____ Brugsen og Netto. Mange _____ byens 17.000 indbyggere er arbejdsløse, så der er ikke mange, der har råd _____ at købe slagterens gode, men temmelig dyre kød. Det var anderledes _____ 20 år siden, da Flemming overtog forretningen _____ sin gamle mester. Dengang skulle alle have et par gode bøffer _____ weekenden, og en stor flæske- eller oksesteg _____ festlige lejligheder. _____ dag køber de fleste bare en dybfrossen lammekølle _____ New Zealand _____ Netto eller en billig pizza _____ tyrkerne oppe _____ torvet. Flemming har kun én mand ansat _____ dag, og hans kone Linda må arbejde som hjemmehjælper _____ at få økonomien _____ at hænge sammen.

Flemming og Linda bor _____ et lille hus nede _____ fjorden. De er meget stolte _____ deres hus. Det er et parcelhus _____ 70erne _____ to stuer, et soveværelse, et børneværelse og et værksted. Flemming elsker at arbejde _____ værkstedet. Han ordner alt _____ huset selv. Han elsker at male og reparere, så alt er perfekt. Hans kone er meget dygtig _____ at passe haven, især køkkenhaven. Her har de kartofler, gulerødder, salat og ærter, og _____ drivhuset har de tomater og agurker. De behøver næsten ikke at købe noget selv, så de sparer en masse penge hvert år. Alt _____ alt lever de meget billigt og fornuftigt, og hvis der er et eller andet _____ huset, de ikke kan reparere selv, har de mange venner, der kan hjælpe dem _____ det.

Flemming og Linda har også et sommerhus _____ Albuen. Det er et pænt, gammelt hus, som de har arvet _____ Lindas forældre, og som Flemming har sat _____ stand. De holder meget _____ deres sommerhus, men det er sjældent, at de bor _____ det selv, for _____ hele perioden _____ påskeferien og _____ og _____ efterårsferien lejer de huset ud _____ turister. Det kan godt være lidt besværligt at tage ud og se _____, om alt er _____ orden en gang _____ ugen, men det giver gode penge, og de har brug _____ pengene nu, fordi de tjener så lidt _____ forretningen.

Linda er glad _____ sit arbejde som hjemmehjælper. Hun har altid boet _____ Nakskov, og hun har kendt mange _____ de gamle, som hun skal hjælpe, _____ mange år. Mange _____ de gamle bor alene _____ deres lejligheder, og de er lykkelige _____, at Linda kommer og hjælper _____ indkøb og rengøring – og også tager sig tid _____ at snakke lidt _____ dem. De snakker mest _____ det, der sker _____ byen nu, men de snakker selvfølgelig også _____ deres familier, mest _____ deres børn og børnebørn.

Flemming og Linda har tre børn. Den yngste Sille _____ 13 bor hjemme, men de to store er flyttet _____ København. Flemming og Linda er meget stolte _____ deres søn Anders, der er økonom _____ Novo Nordisk, og som kommer og besøger dem et par gange _____ året _____ sin smarte BMW. Anders er en meget flot og intelligent mand _____ 26 år _____ store ambitioner og meget energi. Desværre ligner deres to store børn ikke hinanden så meget, og de er somme tider lidt bekymrede _____ deres datter, som bor _____ et dårligt kvarter _____ København sammen _____ en langhåret fyr, der arbejder _____ postterminalen.

Linda fylder 50 sankthansaften, og det glæder hun sig meget _____ Hun og Flemming har ikke bare inviteret hele familien. De har også sendt indbydelser _____ alle vennerne, naboerne og et par _____ Flemmings venner _____ roklubben. Det bliver en kæmpestor fest, og de håber, at det bliver godt vejr, så de kan spise _____ haven og danse _____ terrassen.

Indefinit og definit form

Når et substantiv står alene danner man definit form ved hjælp af endelserne -en og -et i singularis, og -ne i pluralis:

en by	*by<u>en</u>*	*to byer*	*byer<u>ne</u>*
et hus	*hus<u>et</u>*	*to huse*	*huse<u>ne</u>*

Når det står sammen med et adjektiv eller en bestemmende relativsætning, dannes der definit form ved hjælp af artiklerne *den* og *det* i singularis og *de* i pluralis:

en dejlig by   den dejlige by   to dejlige byer   de dejlige byer

et hus som jeg gerne vil købe – det hus som jeg gerne vil købe

Omsæt de understregede udtryk fra indefinit til definit

Eksempel: *Flemming har en slagterforretning i en gågade i en by, der hedder Nakskov.*
Flemming har slagterforretningen i gågaden i den by, der hedder Nakskov

Han har <u>et dejligt hus</u> ved <u>en fjord.</u>

Han har også <u>et sommerhus</u>, der ligger ude ved <u>en vidunderlig strand</u>, som kaldes Albuen.

I <u>et drivhus</u> dyrker han og hans kone <u>nogle grøntsager</u>, som de selv spiser.

De lejer <u>et hus</u> ud til <u>turister</u>.

<u>Tyske turister</u> er meget populære hos <u>sommerhusudlejere</u>.

<u>Lokale husejere</u> siger, at <u>tyskere</u> har mange penge,

og at <u>tyske turister</u> gør pænt rent i <u>huse</u>, som de lejer.

Ved verber, der angiver en position, bruges på dansk en konstruktion med "Der er …" i forbindelse med ubestemt subjekt. Konstruktionen kan ikke bruges i forbindelse med bestemt subjekt:

Der ligger en slagterforretning i gågaden.
Slagterforretningen ligger i gågaden.

Omsæt til indefinit form!

Eksempel: *Sommerhuset ligger på Albuen.*
Der ligger et sommerhus på Albuen

Slagtermesteren bor nede ved fjorden.

Det praktiske drivhus står i Flemming og Lindas have.

I garagen holder den gamle bil.

Den fulde mand sidder på en bænk i gågaden og drikker øl.

Politibetjenten kommer snart og snakker med ham.

Hænger frakken ikke i garderoben?

Omsæt til definit form!

Eksempel: *Der ligger et tyrkisk pizzeria på torvet.*
Det tyrkiske pizzeria ligger på torvet

Der står <u>en statue</u> midt på pladsen.

Der bor <u>en gammel dame</u> i Vejlegade.

Der hænger <u>to frakker</u> på en knagerække.

Der holder <u>nogle biler</u> på torvet.

Inde i forretningen står der <u>en ældre slagtermester</u>.

Sidder der stadig <u>en fuld mand</u> nede i gågaden?

Ligger der stadig <u>et pizzaria</u> på torvet i Nakskov?

I byens centrum ligger der <u>et turistkontor.</u>

Bor der <u>en præst</u> i huset ved siden af kirken?

Tre slags genitiv

Genitivforbindelsen *Alexanders billede* har tre betydninger:

- *Alexander har lavet billedet* (subjektiv genitiv)
- *Billedet forestiller Alexander* (objektiv genitiv)
- *Alexander ejer et billede* (possessiv genitiv)

På dansk findes der parallelt med den subjektive og den objektive genitiv konstruktioner med *af*:

- *Billeder af den unge fotokunstner Alexander Lorentzen er ikke særlig dyre.*
(= Alexander har lavet billedet). Denne konstruktion bruges mest i forbindelse med kunstneriske frembringelser og i forbinelser med familier: *Annette er datter af Flemming og Linda.*

- *Billeder af Alexander i soldateruniform er svære at finde.*
(= Billedet forestiller Alexander).

Man kan ikke lave den slags konstruktioner svarende til den possessive genitiv.

Billedet af Alexander forestiller en café i Paris.

Dan genitivforbindelser af følgende sætninger!

Eksempel: *Kasper har lavet en video om fire fyre, der laver en video.*
Kaspers video om fire fyre, der laver en video.

Annette og Alexander har en flot, brun sofa.

_____

Annette ejer mange bøger.

Annette har engang skrevet en børnebog.

Linda og Flemming har arvet et gammelt sommerhus.

Det smukke sommerhus er tegnet af den ukendte, danske arkitekt M. P. Møller.

Linda har en datter.

Annette har en bror.

Marie har en dygtig hjemmehjælper.

Marie har børnebørn og oldebørn.

Byen har 17.000 indbyggere.

Fru Mogensen har fundet en ny kæreste.

Astrid har en søn, hvis kone har fødselsdag den 14. juni.

2. Fem af dem kan også konstrueres med af.

Skriv dem her

Fire samtaler

1. Du snakker med Linda og spørger hende
- hvor gammel hun er
- hvad hun laver
- hvorfor hun arbejder som hjemmehjælper
- om hun har nogen børn
- hvad de laver
- hvad hun synes om deres liv
- hvornår hun skal se sine børn næste gang

2. Du snakker med Flemming og spørger ham
- hvor gammel han er
- hvad han laver
- om han er gift
- om han har nogen børn
- hvad de laver
- hvad han synes om deres liv
- hvornår han skal se sine børn næste gang

3. Du snakker med Annette og spørger hende
- hvor hendes forældre bor
- hvad hendes far laver
- hvad hendes mor laver
- hvad hendes mor synes om det
- hvad hun synes om det
- hvordan hendes forhold er til sine forældre
- hvornår hun skal se sine forældre igen

4. Du snakker med Anders og spørger ham
- hvor hans forældre bor
- hvad hans far laver
- hvad hans mor laver
- hvad hans mor synes om det
- hvad han synes om det
- hvordan hans forhold er til sine forældre
- hvornår han skal se sine forældre igen.

Find fejlene og ret dem!

1) Når Anders blev født, var Flemming og Linda lykkelige.

2) Det var svært at få økonomien til at hænge sammen, da de tjente ikke så mange penge.

3) Der ligger slagteren i gågaden.

4) Det nye huset er meget flot.

5) Moderne menneskerne køber ind i supermarkeder.

6) Søsteren af Anders hedder Annette.

7) Farmoren af Annette, Anders og Sille hedder Astrid.

Lytte / forstå øvelse

Lyt til båndet og fortæl
- hvad Lindas veninde Jytte fortæller
- hvordan hun gør
- hvilke resultater hun har
- hvad Linda synes om Jyttes forslag
- hvad Linda vil gøre nu
- hvad du tror Flemming vil sige.

Frie opgaver

- De mindre forretninger i Danmark bliver langsomt udkonkurreret af supermarkeder og store butikskæder. Hvad synes du om denne udvikling? Tror du, at der er chance for at udviklingen kan vendes til fordel for de små handlende?

- Hvilke muligheder har voksne mennesker for at supplere deres indtægter? Har du selv nogle erfaringer med ekstra job?

Kapitel 6

Hjem fra Tyskland

Flemming: Dav mor! Sikke en masse poser, du har med i dag. Nu skal jeg tage dem.
Astrid: Ja, jeg kommer jo lige fra Tyskland.
Flemming: Nu igen. Åh mor, du er en engel.
Astrid: Se her! Seks flasker rødvin af den sædvanlige, to flasker portvin og en flaske fin, fransk cognac!
Flemming: Mor dog! Du er ikke rigtig klog! Du ved godt, at det kan blive meget dyrt, hvis tolderne opdager, at du smugler.
Astrid: Jeg har ikke smuglet det mindste, men den dame, der sad ved siden af mig i bussen, kunne ikke bruge sin spiritusration, og så fik jeg den. Hvad siger du så? Du skylder mig 138 kr.
Flemming: Nå ja, hvis det er på den måde, så er det jo godt nok. Vil du have en kop kaffe og en basse?
Astrid: En kop kaffe ville være dejligt, men du ved jo, at vi får gratis wienerbrød på færgen.
Flemming: Ja, det er også rigtigt.
Astrid: Hvor meget vin mangler vi nu?
Flemming: Jeg tror, vi har rødvin nok nu, men vi mangler 18 flasker hvidvin.
Astrid: Det passer lige med tre ture.
Flemming: Ja, hvad er det nu de ture koster?
Astrid: 20 kr. inklusive en lun ret på udturen og en kop kaffe og et stykke wienerbrød på hjemturen.
Flemming: Hvor er det dog billigt!
Astrid: Ja, jeg kommer til at savne de busture og alle de søde, nye venner, jeg har fået, når vi er færdige med at købe ind til Lindas fødselsdag.
Flemming: Tag du det bare roligt, lille mor. Nu skal vi vel også til at tænke på Silles konfirmation næste år, og så er der jo din 75 års fødselsdag. Nej, du bliver sgu ikke arbejdsløs foreløbig.
Astrid: Det passer mig godt. Ved du forresten, hvem der var med i dag?
Flemming: Nej, hvor skulle jeg vide det fra?
Astrid: Hende fru Mogensen ovre fra Riddersborgvej.
Flemming: Hende den lille sure?
Astrid: Ja, hende, der altid snakker om sønnen, der aldrig kommer og besøger hende.
Flemming: Nå, men det er da godt, at hun har fundet ud af at tage på bustur.
Astrid: Jamen, hun var ikke alene. Hun sad sammen med en nydelig ældre herre, der snakkede københavnsk, og de købte champagne og laks på båden. Hun strålede om kap med sin gule indkøbstaske.

Flemming:	Det lyder mærkeligt. Hvad mon der er sket?
Astrid:	Ja, hun ville ikke fortælle noget. Men jeg finder nok ud af det. Nakskov er ikke stor nok til den slags hemmeligheder! Nå, men nu må jeg se at få det lange ben foran. Der er banko i Ældreklubben i aften, og jeg kunne godt tænke mig at vinde en af præmierne. Har du forresten givet noget?
Flemming:	Ja, jeg har sponsoreret en stor kalvesteg og nogle små skinker.
Astrid:	Gud, tænk, hvis jeg vinder noget af det! Det kunne da være sjovt.
Flemming:	Vi skal have kalvesteg i aften, mor. Du kan da bare blive og spise med her.
Astrid:	Nej, det er der ikke nogen sport i, min kære dreng. Kan du nu have det godt, og hilse Linda og den lille Sille.
Flemming:	Ja, det skal jeg nok. God fornøjelse, mor – og tak for indsatsen.

Udtale

Vokalerne y og ø

Vokalerne y og ø udtales altid y og ø, når de er lange, men når de er korte udtales de mere åbent i en lang række ord.

y

Langt y udtales [y·]	dyre, betyde, lyse, nydelig, synes, bryde, ryge
eller med stød [y']	nyder, lyder, by, dyb, fyr, indbydelse, fjernsyn, tyv, dyr
Kort y udtales [y]	Tyskland, skylder, dyrt, indbyggere, tyrkerne, fylder, syd, rydde, kylling, trylle, fynbo, synspunkt, synsk, myldre, bytte, hytte, lytte, tysse, tysk
eller [ø]	stykke, dygtig, lykkelig, yngre, yngst, bekymret, flygte, dykke, begynd, tynd, pynt

Ø

Langt ø udtales [ø·]	søde, købe, fløde, løse, møde
eller med stød [ø']	arbejdsløs, foreløbig, blød, sød, forkølet, møbel, før, dør (vb) besøge, forsøge

Foran j og g kan ø blive til [ɔ]	*fornøjelse, høj, højskole, tøj* *løg, møg, løgn*
I forbindelse med r bliver ø lidt mere åbent:	*røre, gøre, rød, brød, grød* *fødselsdag, søster, København*
Kort ø udtales [ø]	*kød, mønt, øl, søn, løn*
og lidt mere åbent i forbindelse med r:	*brødre, trøste, tørstig, mørke* *grøn, røn, rør, gør, dør, børn, først*

Lav sætninger med følgende faste udtryk

Sikke …!
at mangle noget
at opdage noget
at vinde noget
at tabe noget
at finde ud af noget
at gøre noget om kap med nogen

Spørgsmål

1) Hvem er Astrid?

2) Hvor har hun været henne?

3) Hvor længe har hun været væk?

4) Hvad har hun købt?

5) Hvem har hun købt det til?

6) Hvorfor?

7) Hvad koster sådan en bustur?

8) Hvorfor er det så billigt?

9) Hvem deltager i turene?

10) Hvorfor?

11) Hvorfor vil Astrid ikke blive og spise med Flemming og Linda?

12) Hvorfor vil hun hellere det?

13) Hvad synes du om Astrids liv?

Pluralis af substantiver

De danske substantiver bøjes efter følgende mønstre:

Gruppe 1 med pluralisendelserne -er og -erne:

Singularis		Pluralis	
indefinit	definit	indefinit	definit
en kop	koppen	to kopper	kopperne
et problem	problemet	to problemer	problemerne

Gruppe 2 med pluralisendelserne -e og -ene:

Singularis		Pluralis	
indefinit	definit	indefinit	definit
en kalv	kalven	to kalve	kalvene
et hus	huset	to huse	husene

Ord på -er, -el, -en mister ofte, men ikke altid et -e- under bøjningen.

Singularis		Pluralis	
indefinit	definit	indefinit	definit
en gaffel	gaffelen	to gafler	gaflerne
en tallerken	tallerkenen	to tallerkner	tallerknerne
et lager	lageret	to lagre	lagrene

Gruppe 3 med sammenfald mellem indefinit singularis og pluralis og endelsen -ene i definit pluralis:

Singularis		Pluralis	
indefinit	definit	indefinit	definit
en øl	øllen	to øl	øllene
et æg	ægget	to æg	æggene

Gruppe 4 med uregelmæssige pluralisformer

Singularis		Pluralis	
indefinit	definit	indefinit	definit
en bog	bogen	to bøger	bøgerne
et barn	barnet	to børn	børnene
en mand	manden	to mænd	mændene

Gruppe 5 er substantiver, der ikke findes i singularis

Singularis		Pluralis	
indefinit	definit	indefinit	definit
		penge	pengene
		ris	risene

Gruppe 6 er de såkaldte utællelige substantiver, altså substantiver uden pluralisformer

Singularis		Pluralis	
indefinit	definit	indefinit	definit
kaffe	kaffen		
sukker	sukkeret		
tøj	tøjet		

Fordel følgende substantiver på de 6 grupper:

basse, brød, bus, cognac, dag, dreng, engel, flaske, fornøjelse, færge, hemmelighed, herre, indkøb, indsats, kaffe, kalv, konfirmation, krone, laks, penge, pose, præmie, ration, ret, skinke, sport, steg, søn, taske, tur, ven, vin

Kun to af dem er neutrum. Hvilke?

Tællelige og utællelige substantiver

Mange og få, meget og lidt

Alle substantiver, der findes i pluralis kan kombineres med følgende:
mange, flere og *flest* samt *få, færre* og *færrest*:

Astrid har været på <u>mange</u> busture.
Astrid har været på <u>flere</u> ture end de <u>fleste</u> andre.

Fru Mogensen har kun været med på ganske <u>få</u> ture.
Hun har været med på langt <u>færre</u> ture end Astrid, men hendes nye ven er den i bussen, der har været med på <u>færrest</u> ture.

Utællelige substantiver kan kombineres med:
meget, mere og *mest* samt *lidt, mindre* og *mindst*:

Når man skal holde fest, skal man købe <u>meget</u> vin.
Hun køber <u>mere</u> rødvin end hvidvin.
De køber det meste af deres mad i supermarkedet.

Astrid købte kun <u>lidt</u> chokolade i går.
Hun købte egentlig lidt <u>mindre</u> chokolade, end hun havde tænkt sig.
Hun var den på turen, der købte <u>mindst</u>.

Hvilke ord findes ikke i pluralis?

slik, kaffe, kaffemaskine, tur, ration, bus, tøj, chokolade, vin, dag, tid, bog, lyst, ris, vindrue, salt, fornøjelse, ferie, øl.

Nogle ord kan både fungere i singularis med *meget* og i pluralis med *mange*:

meget vin
mange vine (= mange forskellige slags vin).

Hele eller alle

Singularis af tællelige substantiver:

Indefinit	**Definit**	
en *hel* bog	*hele* bogen	*hele* den gode bog
et *helt* hus	*hele* huset	*hele* det smukke hus

Singularis af utællelige substantiver:

Indefinit	**Definit**	
al vin	*al* vinen	*al* den gode vin
alt slik	*alt* slikket	*alt* det dejlige slik

Pluralis:

Indefinit	**Definit**	
alle bøger	*alle* bøgerne	*alle* de gode bøger

Lav konstruktioner med

hel, helt, hele, al, alt, alle:

Eksempel: *rødvinen*
Astrid Andersen vil købe al rødvinen til Lindas fødselsdagsfest i Tyskland.

spiritusrationen

sjove weekender

den gode kaffe

de kedelige søndage

bussen

naboerne

pengene

det dejlige slik

tre ture

de flinke buschauffører

En af, noget af eller nogle af?

en af vennerne / *en af* mine venner
et af problemerne / *et af* mine problemer

Singularis af utællelige substantiver:

noget af vinen / *noget af* min vin
noget af slikket / *noget af* mit slik

Pluralis:

nogle af bøgerne / *nogle af* mine bøger

Lav konstruktioner med

en af, et af, noget af, nogle af:

Eksempel: *rødvinen*
Astrid Andersen har købt noget af rødvinen til Lindas fødselsdagsfest i Tyskland.

spiritusrationen

de sjove weekender

den gode kaffe

de kedelige søndage

busserne

naboerne

pengene

det dejlige slik

de tre ture

de flinke buschauffører

Fru Mogensens store dag

Indsæt hans / hendes / sin / sit / sine i følgende tekst!

Marie Mogensen har været enke, siden _____ mand døde for 10 år siden. Hun bor alene i en lejlighed i Nakskov, og når hun keder sig, tænker hun tit på _____ søn og _____ familie. _____ søn er gift, og _____ kone hedder Marianne. _____ børnebørn hedder Poul og Marie. Fru Mogensen synes ikke, at _____ søn er særlig sød til at komme og besøge hende med _____ familie, selv om han bor i Vordingborg, mindre end 100 km fra _____ by.
Når fru Mogensen beklager sig til _____ søn, siger han altid, at _____ kone har så travlt på _____ arbejde hele ugen, at hun ikke har kræfter til at tage helt til Nakskov i weekenden, og han siger også, at det ville være bedre, hvis fru Mogensen kunne gøre _____ eget liv mere interessant. "Hvorfor finder du ikke en kæreste, mor?", siger han, og så fortæller han om en anden gammel dame blandt _____ bekendte. Hun har fundet en ny kærlighed i en alder af 67, og nu er hun meget lykkelig for _____ liv. Når fru Mogensen hører den slags, bliver hun meget skuffet over _____ søn.

Og så en dag går fru Mogensen ned i Brugsen for at købe ind. Da hun har betalt for _____ varer ved kassen, kommer der en ung mand masende forbi hende. Han skubber hende hårdt i ryggen og hiver _____ pengepung op af _____ taske og putter den ind under _____ jakke. "Stop tyven!" skriger fru Mogensen med _____ lille, tynde gammelkonestemme. "Stop ham! Han har stjålet mine penge!" Ved døren står der en ældre, hvidhåret mand, og da han hører fru Mogensen skrige op, strækker han _____ ene ben ud og spænder ben for tyveknægten. Vups, siger det, så ligger han og jamrer midt på gågaden. _____ skrig har tilkaldt nogle yngre mænd fra butikken, og de griber fat i tyven og undersøger _____ lommer. De finder hurtigt _____ pengepung, som hun får tilbage. _____ hjerte hamrer, og blodet synger i _____ hoved. Det kan godt være hårdt for en gammel dame at blive hovedperson i en kriminalhistorie. Den ældre, hvidhårede mand ser på hende og rækker hende _____ hånd. "Jeg hedder Frank Henriksen, og jeg kunne godt trænge til at sidde lidt ned og drikke en kop kaffe oven på det her", siger han på københavnsk. "Må jeg invitere Dem på en kop kaffe ovre i cafeteriet?" Og fru Mogensen, der ellers aldrig kunne drømme om at lade sig invitere af fremmede mænd og da slet ikke københavnere, smiler _____ lykkeligste smil og lader sig føre over i cafeteriet …

99

Genfortæl historien og lav en slutning!

Find fejlene og ret dem.

1) Snakkede med Anders.

2) Flemming og Linda er gift. De var gift for 20 år siden.

3) Han sagde, at han havde en slagterforretning i Nakskovs gågaden.

4) Hun har fødselsdag i sankthansaften.

5) Han er bekymrede for Annette.

6) Jeg spurgte, hvornår hun skal se sine børn næste gang.

7) Hun gjort rent.

8) Anders sagde, at hans mor godt kunne lige sit arbejde.

9) Flemming fortalte, at han var meget stolt af sin søn, men var somme tider lidt bekymret for sin datter.

10) Hun sagde, at hendes mand tjente mindre penge end før.

Lytte / forstå øvelse 6

Lyt til båndet og fortæl
- hvem Linda taler med
- hvorfor Linda besøger hende
- hvad Linda skal lave
- hvad de snakker om
- hvad de er lidt uenige om.

Frie opgaver

- Fortæl om ældre menneskers liv i Danmark og i dit land. Hvilke fordele og ulemper er der ved at være pensionist i de to lande?

- Fortæl om et ældre menneske, du kender.

- Hvordan kunne du tænke dig at leve, når du bliver gammel.

Kapitel 7

Sille og Mette

Sille Andersen og Mette Møller Hansen er veninder. De er lige fyldt 14 år og bor i samme kvarter i Nakskov. Her fortæller de om deres liv.

Vores familier

Sille: Jeg bor sammen med min mor og min far. Min far har en slagterforretning inde i gågaden, og min mor er hjemmehjælper. Hun hjælper gamle mennesker, der ikke kan klare sig selv. Jeg har en storebror og en storesøster, men de er meget store og bor i København.

Mette: Jeg bor sammen med mine forældre og min lillebror. Min mor er laborant på et stort miljø- og levnedsmiddelcenter i byen, hvor de kontrollerer, om vores madvarer er sunde nok. Min far plejede at arbejde i en vognmandsforretning, men han har været arbejdsløs siden februar, så han får penge fra fagforeningen hver måned.

Min lillebror Michael på 12 går i 6. klasse på samme skole som Sille og jeg. Jeg har også en halvsøster. Det er min fars datter fra før, han mødte min mor, men hende kender jeg faktisk ikke, fordi hun altid har boet hos sin mor.

Vi går alle sammen i den samme skole

Sille: Mette og jeg skal op i 8. klasse efter sommerferien. I Danmark kommer børnene i børnehaveklasse, når de er 6 år gamle, og i 1. klasse året efter. Fra 1. til 10. klasse går vi alle sammen i den samme skole, og vi bliver ikke delt op i "dygtige elever" og "ikke-så-dygtige elever", som de gjorde i gamle dage. Hvis der er nogen, der ikke kan følge med – vi har f.eks. to i vores klasse, der har svært ved det – så får de ekstraundervisning i dansk og matematik. Vi har haft engelsk fra 4. klasse og tysk fra 7. klasse, og nu i 8. skal vi have fransk.

Mette: Jeg kan bedst lide matematik og kemi. Vi fik kemi i 7. klasse, og det er ret sjovt! Vi får karakterbog to gange om året. Det er vigtigt at få gode karakterer, så man kan få at vide, om man har gjort et stykke arbejde ordentligt, eller om man skal tage sig mere sammen.

Dansk er både sjovt og kedeligt

Sille: Det kedeligste i skolen er noget, vi kalder "ekstradansk". Det er ikke andet end regler om, hvornår et ord staves med en konsonant eller to konsonanter, grammatik og kommaregler, og alt det der …

Mette: Det er altså bare, fordi vi godt kan, at det er kedeligt. Vi har haft det siden 1. klasse, og vores lærer er den bedste på hele skolen, men der er alligevel nogen i klassen, der ikke har lært det, og så skal vi have det igen og igen.

Sille: Ja, det er meget sjovere, når vi får lov til at analysere et digt eller en novelle, eller når vi bare får læst op. Vores lærer læser mange historier op for os, eller også læser vi dem selv op på skift. Det kan jeg godt lide.
Mette: Jeg synes, det er sjovere at gøre gymnastik. Vi har en rigtig sej gymnastiklærer, som har lært os at spille håndbold og fodbold og basketball. Det er virkelig fedt.

Samfundet er vigtigt
Sille: Vi har også læst bøger om atomvåben. Jeg har virkelig lært meget om atomvåben og problemerne i Mellemøsten, og så har vi læst om nazisme, aids, sportsskader, regnskovens udryddelse i Latinamerika og dyreforsøg. Mette og jeg har lavet et projektarbejde om dyreforsøg og makeup. Vi skrev det til dansklæreren for at lære at arbejde som journalister.
Mette: Og da vi så havde skrevet det hele, skulle vi lære at sætte det rigtigt op med et tekstbehandlingsprogram på en computer.
Sille: Ja, og det blev i hvert fald flot! Min storebror er meget dygtig til at arbejde med computere, og han hjalp os en hel søndag.
Mette: Hvis man ikke selv har en computer, kan man bruge dem på skolen. Man kan godt få lov at arbejde selv nede i computerrummet, men man skal have en nøgle af en lærer, så de ved, hvad vi laver. Vi må ikke bare sidde og spille spil på dem.

Vi tjener selv vores lommepenge
Mette: Både Sille og jeg har arbejde ved siden af skolen. Jeg deler aviser ud hver lørdag.
Sille: Og jeg står i en iscafé ca. 15 timer om ugen.
Mette: Halvdelen af dem, der går i vores klasse, har arbejde ved siden af. Vi bruger pengene til at købe alt det, vi ikke kan få af vores forældre.
Sille: Ja, makeup, cd'er og ekstra tøj, og jeg vil også gerne spare sammen til et sprogkursus i England til næste sommer.

De første kærester
Sille: Fredag og lørdag aften går vi på ungdomsdiskotek. Det er smaddersjovt, og jeg har allerede haft fire kærester.
Mette: Jeg har ikke haft nogen kærester endnu.
Sille: Vi har snakket om det henne i skolen. Der er mange, der har haft kærester, men der ingen af pigerne, der har været i seng med en fyr endnu. Men vi er godt forberedt. Vi har haft meget seksualundervisning både i biologitimerne og i dansktimerne og i flere år. Vi ved bare alt om kondomer og Tampax og aids og gonoré!
Mette: Ja, vi er forberedt! – Måske næsten for meget?

Sille: Det vigtigste er, at man kan snakke med sine forældre om det. Jeg kan faktisk snakke med min mor om næsten alt. Hun kan godt forstå det. Det er lidt sværere med far. Han griner altid og lader, som om han ikke kan huske, hvad mine kærester hedder.

Vi skal i kirke 10 gange
Sille: Vi skal konfirmeres til efteråret, så vi går til konfirmationsforberedelse hos præsten nu, og vi skal i kirke mindst 10 gange, før præsten vil konfirmere os.
Mette: Det er lidt kedeligt at sidde i kirken søndag formiddag, for der kommer ikke ret mange mennesker, og vi kan ikke rigtig forstå, hvad der sker.
Sille: Men det er nu meget normalt, og der er så meget andet, vi heller ikke forstår. Jeg glæder mig til festen, og min farmor har lovet mig en ny computer.

Store drømme

Mette: Når jeg bliver voksen, kunne jeg godt tænke mig at blive professionel håndboldspiller, og så vil jeg have mange børn og gerne tvillinger, for de er så søde.

Sille: Jeg vil være skuespiller eller måske advokat.

Mette: Advokat? Det lyder da kedeligt.

Sille: Nej, jeg vil gerne føre sager mod de makeupfirmaer, som bruger dyr som forsøgsdyr, og så vil jeg gerne hjælpe min far med hans problemer med skattevæsnet.

Sammensatte ord

1. Her er 43 substantiver.

12 af dem er neutrum. Hvilke?

arbejde, barn, bog, bold, bror, computer, diskotek, dyr, fag, ferie, fest, forening, forretning, forsøg, gade, grammatik, gymnastik, have, hånd, journalist, karakter, konfirmation, kæreste, lomme, mand, penge, projekt, regel, sag, skat, skole, slagter, sommer, spiller, sprog, time, tøj, undervisning, ungdom, vogn, værelse, væsen, våben

2. Dan sammensatte ord med udgangspunkt i de 43 ord ovenfor, og kontroller ordene i en ordbog. Læg mærke til at følgende flerstavelsesord får tilføjet bindebogstavet -s- i forbindelse med sammensætninger:

arbejde (arbejdsvogn), diskotek, forening, forretning, forsøg, konfirmation, undervisning, ungdom, værelse, væsen
Følgende enstavelsesord får tilføjet bindebogstavet -e:
barn (barnevogn, børnehave), skat (skattevæsen)

3. Hvilket køn har de sammensatte ord?

Udtale

Tryk

Når to ord sættes sammen, får første sammensætningsled tryk:
'spisebord, 'lædersofa, 'mormor, 'værtshus, 'arbejdsløs, 'loppemarked

Ord af fremmed oprindelse kan have tryk på andre stavelser end den første:
ca'fé, journa'list, arki'tekt, gym'nasium, com'puter, foto'grafi, universi'tet, internatio'nal

Udtal alle de ord, du har dannet i øvelsen ovenfor.

Skift af vokalkvalitet i sammensatte ord

Udtalen af -ag

Et ord på -ag skifter ofte udtale, når det bliver 1. sammensætningsled:

bage	bagværk
lag	lagkage
sag	sagfører, saglig
dag	dagblad, daglig
fag	faglig, fagforening

Ord med å skifter også hyppigt vokalkvalitet i forbindelse med sammensætninger:

Lyt til båndet og bemærk forskellene:

på	en påstand
grå	en gråvejrsdag
blå	blåøjet
små	småkage

Lav sætninger med følgende faste udtryk

at fylde år
at være ung
at blive voksen
at klare sig selv
at være dygtig til noget
at være dårlig til noget

Substantiverede adjektiver

Nogle gange anvender man adjektiver som substantiver. I stedet for at sige *en ung mand* eller *en ung kvinde* kan man bruge udtrykket *en ung,* men man skal passe på bøjningen af de substantiverede adjektiver, for de har i modsætning til de øvrige substantiver altid foranstillet artikel:

Singularis		Pluralis	
indefinit	**definit**	**indefinit**	**definit**
en ung	den unge	unge	de unge
en voksen	den voksne	voksne	de voksne
en gammel	den gamle	gamle	de gamle
en ældre	den ældre	ældre	de ældre
en beruset	den berusede	berusede	de berusede
en studerende	den studerende	studerende	de studerende
noget spændende	det spændende		
noget nyt	det nye		

Find selv flere eksempler!

Lav en lille historie, hvor alle de ovenstående substantiverede adjektiver forekommer i mindst en form.

Indsæt de manglende præpositioner

Sille Andersen og Mette Møller Hansen er veninder. De er lige fyldt 14 år, og bor _____ samme kvarter _____ Nakskov.

Vores familier
Sille: Jeg bor sammen _____ min mor og min far. Min far har en slagterforretning inde _____ gågaden, og min mor er hjemmehjælper. Hun hjælper gamle mennesker, der ikke kan klare sig selv. Jeg har en storebror og en storesøster, men de er meget store og bor _____ København.
Mette: Jeg bor sammen _____ mine forældre og min lillebror. Min mor er laborant _____ et stort miljø- og levnedsmiddelcenter _____ byen, hvor de kontrollerer, om vores madvarer er sunde nok. Min far plejede at arbejde _____ en vognmandsforretning, men han har været arbejdsløs _____ februar, så han får penge _____ fagforeningen hver måned.
Min lillebror _____ 12 går _____ 6. klasse _____ samme skole som Sille og jeg. Jeg har også en halvsøster. Det er min fars datter _____ før, han mødte min mor, men hende kender jeg faktisk ikke, fordi hun altid har boet _____ sin mor.

Vi går alle sammen _____ den samme skole
Sille: Mette og jeg skal op _____ 8. klasse _____ sommerferien. _____ Danmark kommer børnene _____ børnehaveklasse, når de er 6 år gamle, og _____ 1. klasse året efter. Fra 1. _____ 10. klasse går vi alle sammen _____ den samme skole, og vi bliver ikke delt op _____ "dygtige elever" og "ikke-så-dygtige elever", som de gjorde _____ gamle dage. Hvis der er nogen, der ikke kan følge _____ – vi har f.eks. to _____ vores klasse, der har svært ved det – så får de ekstraundervisning _____ dansk og matematik. Vi har haft engelsk _____ 4. klasse og tysk _____ 7. klasse, og nu _____ 8. skal vi have fransk.
Mette: Jeg kan bedst lide matematik og kemi. Vi fik kemi _____ 7. klasse, og det er ret sjovt! Vi får karakterbog to gange _____ året. Det er vigtigt at få gode karakterer, så man kan få at vide, om man har gjort et stykke arbejde ordentligt, eller om man skal tage sig mere sammen.

Dansk er både sjovt og kedeligt
Sille: Det kedeligste _____ skolen er noget, vi kalder "ekstradansk". Det er ikke andet end regler _____, hvornår et ord staves _____ en konsonant eller to konsonanter, grammatik og kommaregler, og alt det der …
Mette: Det er altså bare, fordi vi godt kan, at det er kedeligt. Vi har haft det _____ 1. klasse, og vores lærer er den bedste _____ hele skolen, men der er alligevel nogen _____ klassen, der ikke har lært det, og så skal vi have det igen og igen.

Sille: Ja, det er meget sjovere, når vi får lov ____ at analysere et digt eller en novelle, eller når vi bare får læst op. Vores lærer læser mange historier op ____ os, eller også læser vi dem selv op ____ skift. Det kan jeg godt lide.
Mette: Jeg synes, det er sjovere at gøre gymnastik. Vi har en rigtig sej gymnastiklærer, som har lært os at spille håndbold og fodbold og basketball. Det er virkelig fedt.

Samfundet er vigtigt

Sille: Vi har også læst bøger ____ atomvåben. Jeg har virkelig lært meget ____ atomvåben og problemerne ____ Mellemøsten, og så har vi læst ____ nazisme, aids, sportsskader, regnskovens udryddelse ____ Latinamerika og dyreforsøg.
Mette og jeg har lavet et projektarbejde ____ dyreforsøg og makeup. Vi skrev det ____ dansklæreren ____ at lære at arbejde som journalister.
Mette: Og da vi så havde skrevet det hele, skulle vi lære at sætte det rigtigt op ____ et tekstbehandlingsprogram ____ en computer.
Sille: Ja, og det blev ____ hvert fald flot! Min storebror er meget dygtig ____ at arbejde ____ computere, og han hjalp os en hel søndag.
Mette: Hvis man ikke selv har en computer, kan man bruge dem ____ skolen. Man kan godt få lov at arbejde selv nede ____ computerrummet, men man skal have en nøgle ____ en lærer, så de ved, hvad vi laver. Vi må ikke bare sidde og spille spil ____ dem.

Vi tjener selv vores lommepenge

Mette: Både Sille og jeg har arbejde ____ siden ____ skolen. Jeg deler aviser ud hver lørdag.
Sille: Og jeg står ____ en iscafé ca. 15 timer ____ ugen.
Mette: Halvdelen ____ dem, der går ____ vores klasse, har arbejde ____ siden ____. Vi bruger pengene ____ at købe alt det, vi ikke kan få ____ vores forældre.
Sille: Ja, makeup, cd'er og ekstra tøj, og jeg vil også gerne spare sammen ____ et sprogkursus ____ England ____ næste sommer.

De første kærester

Sille: Fredag og lørdag aften går vi ____ ungdomsdiskotek. Det er smaddersjovt, og jeg har allerede haft fire kærester.
Mette: Jeg har ikke haft nogen kærester endnu.
Sille: Vi har snakket ____ det henne ____ skolen. Der er mange, der har haft kærester, men der er ingen ____ pigerne, der har været ____ seng ____ en fyr endnu. Men vi er godt forberedt. Vi har haft meget seksualundervisning både ____ biologitimerne og ____ dansktimerne og ____ flere år. Vi ved bare alt ____ kondomer og Tampax og aids og gonoré!

Mette: Ja, vi er forberedt! – Måske næsten ____ meget?
Sille: Det vigtigste er, at man kan snakke ____ sine forældre ____ det. Jeg kan faktisk snakke ____ min mor ____ næsten alt. Hun kan godt forstå det. Det er lidt sværere ____ far. Han griner altid og lader som om, han ikke kan huske, hvad mine kærester hedder.

Vi skal ____ kirke 10 gange

Sille: Vi skal konfirmeres ____ efteråret, så vi går ____ konfirmationsforberedelse ____ præsten nu, og vi skal ____ kirke mindst 10 gange, før præsten vil konfirmere os.
Mette: Det er lidt kedeligt at sidde ____ kirken søndag formiddag, for der kommer ikke ret mange mennesker, og vi kan ikke rigtig forstå, hvad der sker.
Sille: Men det er nu meget normalt, og der er så meget andet, vi heller ikke forstår. Jeg glæder mig ____ festen, og min farmor har lovet mig en ny computer.

Store drømme

Mette: Når jeg bliver voksen, kunne jeg godt tænke mig at blive professionel håndboldspiller, og så vil jeg have mange børn og gerne tvillinger, for de er så søde.
Sille: Jeg vil være skuespiller eller måske advokat.
Mette: Advokat? Det lyder da kedeligt.
Sille: Nej, jeg vil gerne føre sager ____ de makeupfirmaer, som bruger dyr som forsøgsdyr, og så vil jeg gerne hjælpe min far ____ hans problemer ____ skattevæsnet.

To samtaler

Du taler med Sille og spørger hende
- hvor gammel hun er
- om hun har nogen søskende
- hvad hendes forældre laver
- hvilken klasse hun går i
- om hun arbejder
- hvorfor hun arbejder
- hvad hun laver i sin fritid
- om hun går i kirke
- hvorfor hun gør det

Du taler med Mette og spørger hende
- hvor gammel hun er
- om hun har nogen søskende
- hvad hendes forældre laver
- hvilken klasse hun går i
- hvilke fag hun bedst kan lide
- om hun arbejder
- hvorfor hun arbejder
- hvad hun laver i sin fritid
- om hun går i kirke
- hvorfor hun gør det

Find fejlene og ret dem!

1) Arbejdsløsene har dårlig økonomi.

2) De unge tit arbejder ved siden af deres skole.

3) De arbejder ikke hele dagene.

4) Hun drikker en drink med et cocktailsbær.

5) Hun spiser en ægkage til aftensmad.

6) Hun skal på gymnasie næste år.

Lytte / forstå øvelse

Lyt til båndet og fortæl
- hvem Sune taler med
- hvor gammel Sune er
- hvad han gerne vil lave
- hvorfor han kan klare sådan et arbejde
- hvor mange timer han skal arbejde
- hvad du synes om, at børn arbejder så meget ved siden af skolen.

Frie opgaver

- Karakteriser den danske folkeskole og beskriv dens gode og dens dårlige sider.

- Hvilke vanskeligheder kan børn have i en skole, og hvad kan man gøre for at hjælpe børn med problemer.

- Hvordan ville en ideel skole være?

Kapitel 8

Misforståelser

Flemming:	Vil du have et stykke steg mere, Alexander?
Alexander:	Nej tak. Jeg har allerede spist to stykker. Det er bare så sejt!
Flemming:	Hvadbehager? Tænk, at man skal høre fra sin svigersøn, at ens kød er sejt!
Alexander:	Du må ikke misforstå mig, jeg mente jo bare, at det var enormt fedt.
Flemming:	Fedt? Det er et stykke meget magert kalvekød.
Annette:	Ved du hvad, far? Det er også det, Alexander prøver at sige, men han bruger bare ordene anderledes, end du gør.
Alexander:	Ja, jeg mener jo bare, at maden er totalt cool!
Flemming:	Jeg kan ikke så meget engelsk, men jeg troede, at cool betød kold?
Sille:	Ih altså far, kan du ikke engang forstå det?
Alexander:	Cool betyder sej eller fed eller –
Annette:	Dejlig. Det betyder bare, at Alexander synes, at maden er dejlig.
Flemming:	Hvor er det indviklet med jer unge i dag. Det er sgu snart lettere at tale med de tyske turister ude i sommerhuset end at tale med ens egen familie.
Linda:	Er der nogen, der vil have mere at spise?
Annette:	Nej tak mor, nu er vi vist mætte!
Alexander:	Det var dejligt. Tak for mad, Linda – eller skal jeg sige svigermor?
Linda:	Det må du selv om, Alexander. Vi går ikke så meget op i den slags ting.
Flemming:	Lad os lige drikke ud, før vi rejser os. Skål Annette og Alexander. Det var cool, at I kunne komme herned til os. Ha-ha-ha!
Alexander:	Ja, og sikke noget dejlig mad. Skål.
Sille:	Jeg går ind til mig selv.
Flemming:	Nej, du bliver her.
Alexander:	Må man ryge her hos jer?
Linda:	Ja, det kan du tro. I kan sætte jer ind i den anden stue og få en kop kaffe og en småkage. Der står et askebæger inde på sofabordet.
Annette:	Skal jeg hjælpe dig, mor?
Linda:	Ja tak, du må gerne tage ud af bordet og hjælpe med at dække bord i stuen. Og Sille, kan du ikke lige finde et askebæger?
Alexander:	Tak for mad.
Linda:	Velbekomme.
Flemming:	Må jeg byde dig på en cigaret?
Alexander:	Nej tak, jeg ruller selv. Skal jeg rulle en til dig?
Flemming:	Ja tak, det ser spændende ud.

Linda:	Flemming, husk nu på, hvad lægen sagde!
Alexander:	Hvad er det for noget?
Flemming:	Ja, jeg skulle egentlig holde op med at ryge. Jeg har noget med lungerne.
Alexander:	Det lyder da ikke så godt.
Linda:	Nej, du skulle høre ham om morgenen. Han hoster og hvæser.
Flemming:	Ja, ja, der er så meget, man burde gøre: tabe sig, motionere, holde op med at ryge, holde op med at drikke – men det bliver sgu så kedeligt, synes jeg.
Linda:	Du kunne lære noget af din søn. Anders har helt styr på den slags.
Annette:	Ja, men tænk, hvad det koster ham i tid og penge at holde sig i superform altid.
Linda:	Ja, men mindre kan også gøre det. Har I slet ikke lagt mærke til, at jeg er holdt op med at ryge?
Annette:	Jo, det er da rigtigt mor. Hvornår holdt du op?
Linda:	Nytårsaften. Det var mit nytårsforsæt, – og jeg har holdt det 100%!
Annette:	Hvor er det flot?
Alexander:	Hvor meget røg du om dagen?

Linda:	Ca. 10 til hverdag, men i weekenden kunne jeg godt komme op på 20.
Annette:	Og du har ikke røget siden 1. januar?
Linda:	Ikke så meget som et hiv.
Annette:	Det må være hårdt, hvad far? Det kunne du aldrig holde til, vel?
Flemming:	Hvad mener du?
Annette:	Det kræver rygrad.
Flemming:	Og du mener, at jeg har rygrad som en regnorm?
Annette:	Åbenbart, for du kan jo ikke holde op, selv om lægen siger, at du skal.
Flemming:	Jeg kan sgu godt holde op. Skal vi vædde?
Annette:	Ja, det kan vi godt. Hvad med at vædde om en middag på en god restaurant, når I kommer til København næste gang.
Flemming:	Top!
Annette:	Så siger vi det. Uh, jeg glæder mig allerede.
Flemming:	Det gør jeg søreme også. Må jeg lige ryge den her færdig?
Annette:	Ja, men nyd den. Det er den sidste, du får.
Linda:	Åh, hvor er det dejligt. Så er vi to om at holde op – og så er der kun dig tilbage, Alexander?
Alexander:	Øh … det har været dejligt vejr i dag, ikke?
Telefonen:	RRRRINNNGG RRRRINNNGG
Flemming:	Telefon så sent? Hvem kan det dog være?
Annette:	Det er hos Slagter Andersens.
Telefonen:	Dut-dut-dut
Annette:	Det var da mærkeligt. Det var en, der bare smed røret på.
Linda:	Det sker tit her.
Annette:	Hvordan kan det være?
Flemming:	Det er sikkert en af Silles kærester. De tør bare ikke snakke med os.
Linda:	Så, så, det er jo ikke sikkert, at det er en af dem.
Flemming:	Det må det da være. Hvem skulle det ellers være? Men hvor var det nu vi kom fra? Jeg havde nu tænkt mig at vise Alexander byens førende værtshus. Hvad siger du til det, Alexander?
Alexander:	Det lyder fedt, men hvad med dig, Annette.
Annette:	Jeg bliver her hos mor, – men kom nu ikke for sent hjem.
Flemming:	Bare rolig. Du kender os da!
Annette:	Ja, det er jo lige præcis det, jeg gør.

Udtale

Vokalen e

Det danske e udtales [e·], når det er langt:	*telefon, alene, dele, enig, ferie,*
Det kan have stød [e']	*mener, del, hel, ben, fed, ned*
I forbindelse med r bliver det dybere:	*jeres, deres, rede, vrede*
Sammen med j og g udtales en diftong [αj]:	*rejse, reje, lejlighed, dejligt, dej, nej, vej, sej, leg, lege, steg, stege*
Det korte e udtales [e] i en række ord:	*hedder, fedt, elegant, erobre, erindre, gemyt, gevaldig, gevinst begynde, betale, bekendt, besøg, dumhed, kærlighed, venlighed*
Men hyppigst udtales det korte e som et æ:	*kender, elske, begge, eller, engel, glemme, heller, stemme, vente reklame, reparere, restaurant, reol, dem, nem, hen, men, ven*
og i forbindelse med r er der tale om et mere åbent æ	*herre, vred, bred, fred, ret, erfare, erkende, erklære, erhverv*
I forbindelse med pronomenerne de og det høflige De samt i fremmedord af engelsk oprindelse udtales e som i:	*de, De, weekend, teenager*

Om endelser, hvori e indgår, se side 50.

Lav sætninger med følgende faste udtryk

at gå op i noget
at holde op med noget
selv at måtte om noget
at vædde om noget
at have tænkt sig noget
at kunne tænke sig noget

Indsæt de manglende præpositioner

Flemming: Vil du have et stykke steg mere, Alexander?
Alexander: Nej tak. Jeg har allerede spist to stykker. Det er bare så sejt!
Flemming: Hvadbehager? Tænk, at man skal høre _____ sin svigersøn, at ens kød er sejt!
Alexander: Du må ikke misforstå mig, jeg mente jo bare, at det var enormt fedt.
Flemming: Fedt? Det er et stykke meget magert kalvekød.
Annette: Ved du hvad, far? Det er også det, Alexander prøver at sige, men han bruger bare ordene anderledes, end du gør.
Alexander: Ja, jeg mener jo bare, at maden er totalt cool!
Flemming: Jeg kan ikke så meget engelsk, men jeg troede, at cool betød kold?
Sille: Ih altså far, kan du ikke engang forstå det?
Alexander: Cool betyder sej eller fed eller -
Annette: Dejlig. Det betyder bare, at Alexander synes, at maden er dejlig.
Flemming: Hvor er det indviklet _____ jer unge _____ dag. Det er sgu snart lettere at tale _____ de tyske turister ude _____ sommerhuset end at tale _____ ens egen familie.
Linda: Er der nogen, der vil have mere at spise?
Annette: Nej tak mor, nu er vi vist mætte!
Alexander: Det var dejligt. Tak _____ mad, Linda – eller skal jeg sige svigermor?
Linda: Det må du selv _____, Alexander. Vi går ikke så meget op _____ den slags ting.
Flemming: Lad os lige drikke ud, før vi rejser os. Skål Annette og Alexander. Det var cool, at I kunne komme herned _____ os. Ha-ha-ha!
Alexander: Ja, og sikke noget dejlig mad. Skål.
Sille: Jeg går ind _____ mig selv.
Flemming: Nej, du bliver her.
Alexander: Må man ryge her hos jer?
Linda: Ja, det kan du tro. I kan sætte jer ind _____ den anden stue og få en kop kaffe og en småkage. Der står et askebæger inde _____ sofabordet.
Annette: Skal jeg hjælpe dig, mor?
Linda: Ja tak, du må gerne tage ud _____ bordet og hjælpe _____ at dække bord _____ stuen. Og Sille, kan du ikke lige finde et askebæger?
Alexander: Tak _____ mad.
Linda: Velbekomme.
Flemming: Må jeg byde dig _____ en cigaret?
Alexander: Nej tak, jeg ruller selv. Skal jeg rulle en _____ dig?

Flemming:	Ja tak, det ser spændende ud.
Linda:	Flemming, husk nu ____, hvad lægen sagde!
Alexander:	Hvad er det ____ noget?
Flemming:	Ja, jeg skulle egentlig holde op ____ at ryge. Jeg har noget ____ lungerne.
Alexander:	Det lyder da ikke så godt.
Linda:	Nej, du skulle høre ham ____ morgenen. Han hoster og hvæser.
Flemming:	Ja, ja, der er så meget, man burde gøre: tabe sig, motionere, holde op ____ at ryge, holde op ____ at drikke – men det bliver sgu så kedeligt, synes jeg.
Linda:	Du kunne lære noget ____ din søn. Anders har helt styr ____ den slags.
Annette:	Ja, men tænk, hvad det koster ham ____ tid og penge at holde sig ____ superform altid.
Linda:	Ja, men mindre kan også gøre det. Har I slet ikke lagt mærke ____, at jeg er holdt op ____ at ryge?
Annette:	Jo, det er da rigtigt mor. Hvornår holdt du op?
Linda:	Nytårsaften. Det var mit nytårsforsæt, – og jeg har holdt det 100%!
Annette:	Hvor er det flot?
Alexander:	Hvor meget røg du ____ dagen?
Linda:	Ca. 10 ____ hverdag, men ____ weekenden kunne jeg godt komme op ____ 20.
Annette:	Og du har ikke røget siden 1. januar?
Linda:	Ikke så meget som et hiv.
Annette:	Det må være hårdt, hvad far? Det kunne du aldrig holde ____, vel?
Flemming:	Hvad mener du?
Annette:	Det kræver rygrad.
Flemming:	Og du mener, at jeg har rygrad som en regnorm?
Annette:	Åbenbart, for du kan jo ikke holde op, selv om lægen siger, at du skal.
Flemming:	Jeg kan sgu godt holde op. Skal vi vædde?
Annette:	Ja, det kan vi godt. Hvad ____ at vædde ____ en middag ____ en god restaurant, når I kommer ____ København næste gang?
Flemming:	Top!
Annette:	Så siger vi det. Uh, jeg glæder mig allerede.
Flemming:	Det gør jeg søreme også. Må jeg lige ryge den her færdig?
Annette:	Ja, men nyd den. Det er den sidste, du får.
Linda:	Åh, hvor er det dejligt. Så er vi to ____ at holde op – og så er der kun dig tilbage, Alexander?
Alexander:	Øh. Det har været dejligt vejr ____ dag, ikke?

Telefonen:	RRRRINNNGG RRRRINNNGG	
Flemming:	Telefon så sent? Hvem kan det dog være?
Annette:	Det er ____ Slagter Andersens.
Telefonen:	Dut-dut-dut
Annette:	Det var da mærkeligt. Det var en, der bare smed røret ____.
Linda:	Det sker tit her.
Annette:	Hvordan kan det være?
Flemming:	Det er sikkert en ____ Silles kærester. De tør bare ikke snakke ____ os.
Linda:	Så, så, det er jo ikke sikkert, at det er en ____ dem.
Flemming:	Det må det da være. Hvem skulle det ellers være? Men hvor var det nu vi kom ____? Jeg havde nu tænkt mig at vise Alexander byens førende værtshus. Hvad siger du ____ det, Alexander?
Alexander:	Det lyder fedt, men hvad ____ dig, Annette.
Annette:	Jeg bliver her ____ mor, – men kom nu ikke ____ sent hjem.
Flemming:	Bare rolig. Du kender os da!
Annette:	Ja, det er jo lige præcis det, jeg gør

Generel fremstilling

Det personlige pronomen 'man' bruges, når der tales generelt.

Det kan være svært at forstå hinanden, når <u>man</u> kommer fra to forskellige miljøer
(man = subjekt).

Når der er nogen, der misforstår <u>en</u>, kan der opstå problemer
(en = direkte objekt).

Når fremmede mennesker giver <u>en</u> et smil på gaden, bliver man glad
(en = indirekte objekt).

Når folk, man ikke kender, siger De til <u>en</u>, føler man sig fremmed
(en efter præposition).

Man bliver skuffet, når <u>ens</u> venner glemmer en
(ens = possessiv uden reference til subjekt).

Man skal huske at sende <u>sin</u> mor et fødselsdagskort
(sin, sit, sine = possessiv med reference til subjektet).

Indsæt pronomenet 'man' i de forskellige former

_____ skal ikke tro på alt, hvad folk fortæller _____ .

Nogle gange kan _____ være uheldig at møde en person, der bare vil drille _____ , eller måske ligefrem er ude på at narre _____ penge fra _____ .

_____ skal passe godt på _____ ting og sørge for, at _____ venner er til at stole på.

_____ bliver altid mere skuffet, når _____ bliver snydt af nogle, man regner for _____ venner.

Lav eksempler med man, en, ens og sin

Modalverber
ville

Vilje   *Alexander vil til Cuba i sommerferien.*

Ønske   *Flemming vil gerne holde op med at ryge.*
           Vil du have en kop kaffe?

(Verbet *ville* kan også bruges til at betegne futurum, men regnes i disse tilfælde som et hjælpeverbum (ligesom *have*, *være* og *blive*) og ikke som et modalverbum.)

kunne, skulle, måtte
Objektiv brug

At kunne
1) en evne, en færdighed   *Jeg kan tale både engelsk og tysk, men jeg kan ikke tale fransk.*

2) en mulighed   *Han kan komme hvert øjeblik, det skal være. Undskyld, men jeg kan desværre ikke hjælpe dig med opvasken. Jeg har forstuvet armen.*

At skulle
Uden tryk på verbet:
1) en plan eller en bestemmelse: *Jeg skal i Tivoli i morgen.*
   (uden bevægelsesverbum)   *Skal du ikke til stranden i dag?*

2) et tilbud, indbyrdes opfordring: *Skal jeg hjælpe dig med opvasken?*
   (ofte forbundet med ikke)   *Skal vi ikke have en cigaret nu?*
                                    Skal vi ikke gå i Tivoli i morgen?

3) en anbefaling: *Du skulle prøve at holde op med at ryge.*
   (ofte i datid eller med ikke)   *Jeg synes, du skulle gå i Tivoli i aften.*
                                    Du skal ikke tage det hele så alvorligt.
                                    Skal jeg kalde dig svigermor?

4) en opgave fra andre: *Jeg skal hilse dig fra min kæreste.*
                                    Min læge siger, jeg skal holde op med at ryge.

Med tryk på verbet:
1) en ordre, en tvang: *Du skal være hjemme senest klokken*
   (udefra) *halv ti, Sille!*

2) noget fakultativt: *Annette skal ikke hjælpe sin mor. Det er*
   (med ikke) *noget, hun gør helt frivilligt.*

At måtte
1) en tilladelse: *Du må gerne ryge hos os.*
   (ofte med gerne)

2) et forbud: *Man må ikke ryge på offentlige kontorer.*
   (med ikke) *Du må ikke tale med mad i munden.*

3) nødvendighed: *Alexander måtte arbejde i 10 timer i*
   (omstændighedernes *træk en dag. Hvis man har sagt A, må*
   tvang) *man også sige B.*

   [saml. *Alexander skulle arbejde i 10 timer i træk* - en ordre fra nogen]

4) Med tryk på verbet
   en vilje - et psykisk behov *Jeg må simpelthen til Venedig, før jeg bliver gammel.*

Subjektiv brug

Eventualitet *Det kan have været en af Silles kærester. Men det kan selvfølgelig også bare være en, der har fået forkert nummer.*

Nødvendighed *Det må have været en af Silles kærester. Hvem kunne ellers finde på sådan noget?*

Andenhånds information *Anders skal have sagt, at det er tåbeligt at ryge. Men det er selvfølgelig kun noget jeg har hørt.*

Sammenlign:

Subjektiv	Objektiv
Han må være holdt op med at ryge.	*Han har måttet holde op med at ryge.*
Han kan være holdt op med at ryge.	*Hun har kunnet holde op med at ryge.*
Han skal være holdt op med at ryge.	*Han har skullet holde op med at ryge.*

Modalverberne burde, turde og gide

Modalverberne burde, turde og gide kan i moderne dansk kun bruges objektivt.

at burde

en moralsk bestemmelse:	*Man bør rejse sig for de ældre i bussen.*
	Man bør ikke miste tålmodigheden med sine elever.
en urealiseret moralsk bestemmelse:	*Anders burde have fortalt sine forældre, at han ville skifte navn.*
	Alexander burde have bestået sine eksamener for længe siden.

at turde

at gøre noget, der kan være farligt:	*Alexander tør godt drille sin svoger.*
	Annette tør ikke fortælle sine forældre, at hun skal til Cuba.

at gide

at have energi:	*Sille gider ikke læse lektier hver dag.*
(ofte med ikke)	*Mor, gider du godt hjælpe mig med min matematikopgave?*

Indsæt de manglende modalverber

Alexander er hjemme hos Flemming og Linda første gang. Han er lidt usikker på, hvordan han _____ opføre sig. _____ han spille rollen som enhver svigermors drøm om en svigersøn, eller _____ han bare være sig selv. Hvad _____ Annettes forældre tænke, hvis han fortæller, at han måske _____ skifte studium? Han ved heller ikke, hvad man _____ og ikke _____. Både Alexander og Flemming _____ f.eks. godt lide at ryge cigaretter. De _____ ikke ryge i spisestuen, men de _____ gerne ryge ved sofabordet. Annette spørger, om hun _____ hjælpe med opvasken. Mon han også _____ have tilbudt at hjælpe? Måske _____ mændene gerne sidde og slappe af, mens kvinderne arbejder, når man er hos sådan en traditionel familie, måske har han gjort en fejl. Han _____ huske at spørge Annette om det, når de bliver alene.

Linda synes, at Flemming _____ holde op med at ryge. Det _____ ikke være sundt at ryge så meget, siger hun, og det _____ også være dejligt ikke at _____ lufte så meget ud i stuen mere. Flemmings læge siger også, at han ikke _____ ryge mere. Han har dårlige lunger, og al den røg _____ kun gøre det værre. Annette tror ikke, at han _____ holde op. Flemming ved godt, at han _____ tage sig meget sammen for at holde op, men han bliver så såret over, at hans datter ikke har tillid til hans selvdisciplin, at han simpelthen bare _____ bevise over for hende, at han er stærkere, end man umiddelbart _____ tro.

Telefonen ringer, men røret bliver lagt på. Flemming tænker, at det _____ være en af Silles kærester, fordi han ikke kender andre, der _____ opføre sig sådan. Silles kærester _____ ikke rigtig tale med Flemming og Linda. Linda mener, at det også bare _____ være en, de slet ikke kender, der har fået forkert nummer, og bare ikke _____ sige undskyld. Alexander og Annette er ligeglade med, hvem det er. De _____ faktisk slet ikke tænke over det. De _____ hellere have en hyggelig sludder med Flemming om, hvad de _____ købe i fødselsdagsgave til Linda.

Samtaler

Du taler med Flemming og spørger ham
- hvem han lige har haft besøg af
- hvordan Alexander er
- hvorfor det er svært at tale med ham
- om han kan lide ham
- om han tror, at han kan blive rigtig glad for den nye svigersøn
- hvad der skete sent om aftenen
- hvem Flemming tror, det var
- hvad Flemming synes om Silles kærester
- hvad han vil gøre

Du taler med Linda og spørger hende
- hvem der lige har været på besøg
- hvordan det går med hendes datter
- hvordan den nye svigersøn er
- hvad hendes mand synes om ham
- om hun tror, at de kan blive rigtig glade for den nye svigersøn
- hvordan det går med den yngste datter
- hvad hun synes om Silles mange kærester

Du taler med Alexander og spørger ham
- hvor han lige har været på besøg
- om det var første gang
- hvad han synes om Annettes mor
- hvad han synes om Annettes far
- hvad han tror, de synes om ham
- hvad han synes om familiens traditioner
- om han tror, at han kan blive rigtig glad for sin nye svigerfamilie

Du taler med Annette og spørger hende
- om hun har været nervøs for at tage til Nakskov med sin kæreste
- hvad hendes mor synes om ham
- hvad hendes far synes om ham
- hvad Alexander synes om hendes forældre
- om hun er stolt af ham
- om hun er stolt af sine forældre
- hvad hun synes om sin lillesøster og hendes kærester

Find fejlene og ret dem!

1) Sille kan ikke i biografen i aften, fordi hun skal lave lektier.

2) Hun vil gerne gå til Amerika om et par år.

3) Han bør holder op med at ryge.

4) Vil du ikke at gøre det for mig?

5) Sille har skullet læst på lektion for længe siden.

6) Man skal ikke tro på alt, hvad folk fortæller dig.

7) Man skal altid være ærlig over for ens kolleger..

Lytte / forstå øvelse 8

Lyt til båndet og fortæl
- hvem kommer på besøg
- hvad Flemming spørger om
- hvad drengen svarer
- hvorfor Sille bliver lidt sur
- hvad Linda gør.

Frie opgaver

- Find andre eksempler på slangudtryk end dem, der er nævnt her i kapitlet.

- Gode råd til en, der er ny i Danmark, og gerne vil vide, hvordan man skal opføre sig hos familier, på arbejde og sammen med venner.

- Har du oplevet vanskeligheder ved at forstå danskernes traditioner for at omgås hinanden? Fortæl om situationerne, og hvad du gjorde forkert.

Kapitel 9

På stamværtshuset

Flemming:	Hvad søren, Torben? Sidder du der?
Torben:	Det er sgu ved at være længe siden, hvad?
Flemming:	Ja, det er det sgu. Torben, det er Annettes kæreste Alexander, og Alexander, det er min gamle skolekammerat Torben.
(til servitricen):	Vera! Tre Hof!
Torben:	Det må være dig, der arbejder på postterminalen, er det ikke?
Alexander:	Jo, har han snakket om det?
Torben:	Snakket og snakket, han har vel nævnt det en gang eller to. Er det et godt sted at arbejde?
Alexander:	Ja, det er helt fedt ... fint. Der er nogle mægtig flinke kolleger, så vi har det rigtig hyggeligt. Hvad laver du selv?
Torben:	Så lidt som muligt!
Flemming:	Hvor længe er det nu, du har gået arbejdsløs?
Torben:	Siden februar.
Flemming:	Kan du få det til at hænge sammen?
Torben:	Mere eller mindre. Jeg får jo penge fra fagforeningen, og Annie tjener godt nok. Det er mere det med tiden.
Alexander:	Keder du dig?
Torben:	Ja, for fanden.
Flemming:	Intelligente mennesker keder sig aldrig.
Torben:	Meget morsomt! Meget morsomt!
Alexander:	Kunne du ikke finde et eller andet job?
Torben:	Hvad skulle det være?
Alexander:	Ja, det ved jeg ikke. Hvad lavede du før?
Torben:	Jeg var chauffør.
Alexander:	Hvad så med at køre taxa? Det skulle give ret godt, har jeg hørt. Og så kan man selv bestemme, hvornår man vil arbejde.
Flemming:	Det kommer vist an på, hvem man kører for.
Alexander:	Kan man ikke køre for sig selv?
Flemming:	Nej, det må man ikke, før man har været i branchen i mange år, men bortset fra det er det måske en meget god idé. Hvad siger du, Torben?
Torben:	Det går slet, slet ikke. Jeg har lige fået taget mit kørekort!
Flemming:	På grund af sprit?
Torben:	Jeps. Pinlig historie, du. Jeg var på vej hjem fra værtshus, og så holdt politiet og ventede hjemme foran huset. Jeg tror sgu, at der er nogen, der har ringet til dem.

Flemming:	Hvem skulle det være?
Torben:	Min svoger.
Flemming:	Preben? Hvorfor dog det?
Torben:	Han var her den aften, og han er jo altid så lovlydig!
Flemming:	Hvad siger Annie?
Torben:	Hvad vil du have, hun skal sige?
Flemming:	Jamen, hvad så?
Torben:	Det er sgu også lige meget. Jeg tror, hun har fundet en anden.
Flemming:	Det er da løgn?
Torben:	Ja, måske. Jeg ved det ikke, men hun siger, at hun vil skilles.
Flemming:	Nej, nu må du tage dig sammen. I har to børn og hus og ...
Torben:	Det går sgu heller ikke så godt med mig og børnene. Mette og jeg skændes altid. Hun siger, at det er min skyld, at hun ikke kan få en computer, og knægten retter sig overhovedet ikke efter det, jeg siger mere. Det er lige som om, jeg er luft for ham.
Flemming:	Torben, for fanden! Det her går slet ikke. Kan vi få tre pilsnere mere, tak!
Alexander:	Kan du ikke prøve at snakke med hende?
Flemming:	Måske skulle du også drikke lidt mindre?
Torben:	Begynder du nu også?
Flemming:	Nej, nej, hids dig ned. Jeg kan sgu også godt lide et par bajere, men alt med måde, du!
Torben:	Skål!
Flemming:	Skål!
Alexander:	Skål!
Torben:	Kan du ikke låne mig en tusse?
Flemming:	Hvad skal du bruge den til?
Torben:	Elregningen, mand. Tænk, hvis de slukker for strømmen. Kan du ikke se det for dig! Annie slår mig i ihjel!
Flemming:	Jeg synes, at du skulle tage en god, lang snak med Annie, før det går helt galt med jer.
Torben:	At snakke med Annie er det samme som at snakke med en dør. Hun siger ikke et muk, står bare der og ligner noget, katten har slæbt ind. Hun forstår ikke en skid – ja, hun gider ikke engang at prøve at forstå.
Flemming:	Torben, Torben. Tag det nu roligt. Annie er da god nok.
Torben:	Ja, – på bunden, men der er fandeme langt til bunden.
Flemming:	Nu må du ikke være så urimelig. Annie er nok også ked af det, tror du ikke?

Torben:	Det kan da godt være.
Alexander:	Undskyld, ved du, hvad klokken er, Flemming?
Flemming:	Gud ja, det er også rigtigt. Vi må se at komme hjemad. Vi skal i sommerhuset i morgen tidlig, og vi bliver vist ikke populære, hvis vi kommer hjem efter midnat.
Alexander:	Godnat – og tak for i aften.
Flemming:	Godnat – og pas nu lidt på, hvad du går og laver, ikke?
Torben:	Ja, ja, men Flemming – kan du ikke bare låne mig en hund eller to til den første. Jeg er helt flad.
Flemming:	Jeg har sgu ikke flere penge på mig, du. Beklager.
Torben:	O.k. vi ses!
Flemming:	Ja, hvis ikke før, så til Lindas fødselsdag. Du får en invitation en af dagene.
Torben:	Det lyder godt. Jeg glæder mig allerede. Farvel.
Flemming:	Farvel.
Alexander:	Hej-hej.

Udtale

Stød

Et meget karakteristisk træk ved det danske sprog er det såkaldte stød. Et stød er et lille ophold i svingningerne i stemmelæberne. Der er store forskelle på forekomsten af stød i Danmark. Danskere, hvis sprog har rod i dialekterne i Sydjylland, på Sydfyn, Lolland, Falster og Sydsjælland har ikke stød i deres sprog, og der er store forskelle på stødets forekomst på Sjælland og i Jylland.

Man kan lytte til følgende ordpar for at danne sig et indtryk af stødet:

mor   *mord*
gør   *gør*
hun   *hund*

Der kan kun være stød i betonede stavelser, og kun lange vokaler samt konsonanterne: m, n, ng, d (blødt), l, j eller v kan have stød.

Med stød på vokalen: *bil, sur, hus, terminal, fin, give, giver, måske*
Med stød på konsonanten: *sidder, fortæl, Alexander, fed, ned, sang, tam, havn*

Lav sætninger med følgende faste udtryk

at få noget til at hænge sammen
at have råd til noget
at tjene godt
at låne noget af nogen
at låne noget til nogen
at glæde sig til noget
at blive upopulær hos nogen

Passiv

Aktiv form: Politiet tager Torbens kørekort.
Politiet tog Torbens kørekort i sidste uge.
Politiet har taget Torbens kørekort.
Politiet vil tage Torbens kørekort.

Passiv form: Torbens kørekort bliver taget af politiet.
Torbens kørekort blev taget af politiet i sidste uge.
Torbens kørekort er blevet taget af politiet.
Torbens kørekort vil blive taget af politiet.

Passiverstatning: Torben får taget sit kørekort.
Torben fik taget sit kørekort.
Torben har fået taget sit kørekort.
Torben vil få taget sit kørekort.

Omsæt til aktiv form!

Eksempel: Torben er blevet fyret af sit firma.
Torbens firma har fyret ham.

Michael og Mette er blevet svigtet af deres far.

Annie er blevet skældt ud af sin mand.

Torbens penge er blevet drukket op.

Torbens elregning er ikke blevet betalt.

Omsæt til passiv form!

Eksempel: *Flemming og Linda passer deres have godt.*
Haven bliver passet godt af Flemming og Linda

Flemming har repareret sommerhuset.

Astrid har købt al vinen til Lindas fødselsdag i Tyskland.

Astrid har glemt en plastikpose i færgens cafeteria.

Alle gæsterne vil huske Lindas 50 års fødselsdag i mange år.

Passiv med -s

Efter modalverber bruges passiv med -s

Et sommerhus skal passes godt, hvis det ikke skal forfalde.
Der må ikke ryges på offentlige kontorer.
Det kan ikke siges for tit.
Jeg ved ikke, hvad der bør gøres.
Arbejdet skulle gøres grundigt, og det blev det.

Passiv med -s kan i præsens bruges om handlinger, der gentages tit:

Der tales så meget om sundhed for tiden.
Hvor der handles, der spildes.
Computeren tændes ved et let tyk på on-knappen.

Relativpronomener

Indsæt som, der, hvad, hvad der, hvor, hvor der!

Det kan godt være svært for Annie at forstå, _____ er sket med hendes mand. Først var han en helt almindelig mand, _____ gik på arbejde hver dag, og _____ var sød mod hende og børnene. Pludselig en dag kom han hjem med en seddel, _____ stod, at hans firma skulle lukke to uger efter. Torben var helt rundt på gulvet, _____ hun egentlig godt kunne forstå i begyndelsen, men med tiden blev det værre og værre. Torben blev mere og mere sur, og han skældte ud over alt, _____ ikke lige passede ham. Først var det en af Mettes nye cd'er, _____ han ikke kunne lide. Så var det Michaels nye frisure, _____ han påstod mindede ham om 2. verdenskrig, og så var det dit, og så var det dat – alt sammen små ting, _____ tidligere ikke ville være blevet til problemer.

Samtaler

Alexander og Flemming snakker om mødet med Torben på vej hjem.
Flemming fortæller Linda om mødet med Torben.
Alexander fortæller Annette om mødet med Torben.
Torben snakker med sin kone dagen efter.

Diskussion

Diskuter Torben og hans situation. Hvordan kan han bedst komme videre?

Find og ret fejlene!

1) Det er svært at forstå, hvad er sket.

2) Det var den mand, der jeg kender fra værtshuset.

3) Hans kørekort blevet tage fra ham af politiet.

4) Det var en by, som der var mange problemer.

5) Græsset må ikke blive betrådt.

Lytte / forstå øvelse

Lyt til båndet og fortæl
- hvorfor Annie vækker sin mand
- hvad han drømte om
- hvordan han har det nu
- hvad han vil gøre nu.

Frie opgaver

- Synes du, at der er mange mennesker i Danmark med alkoholproblemer? Hvorfor får folk alkoholproblemer?

- Hvordan kan en person som Torben få et bedre liv?

Kapitel 10

Gaveideer

Flemming:	Linda er ved at lave frokost. Nu kan vi snakke om hendes fødselsdag.
Annette:	Ja, hvad giver du hende?
Flemming:	Jeg giver hende nok et havebord, men jeg har ikke råd til også at give hende havestole. Kan du og Alexander ikke give hende seks havestole?
Annette:	Hvad koster sådan nogen?
Flemming:	Et bord og seks stole koster 2.400 i Ikea.
Alexander:	Det lyder billigt.
Flemming:	Ja, det er sådan nogle almindelige hvide plastikmøbler med røde hynder.
Alexander:	Sådan nogen, der matcher Dannebrog?
Flemming:	Ja, de passer fint her i haven.

Alexander:	Ved du hvad, svigerfar, man kan købe nogle meget smukke gamle træmøbler for de samme penge inde på Christiania.
Flemming:	På Christiania, er du da helt tosset? Jeg kunne da ikke drømme om at købe gamle møbler på Christiania!
Annette:	Nu skal du høre, hvad Alexander siger, far. De har virkelig mange smukke, billige gamle ting. De køber dem rundt omkring i København, og så sætter de dem selv i stand.
Alexander:	Ja, du kan spare mange penge, svigerfar. Og de er flotte, kan du tro.
Flemming:	Er du nu sikker på det?
Alexander:	Bombesikker!
Flemming:	O.k. Jeg har en idé. Jeg giver hende ikke havemøbler, dem overlader jeg til jer, og så køber jeg hende bare en stor parasol.
Annette:	Er det ikke lidt for kedeligt, far?
Alexander:	Kan du ikke give hende et smykke. Jeg tror, alle kvinder elsker smykker.
Annette:	Ja, det er en god idé, far. Du skal selvfølgelig give hende en ring. Det er meget romantisk, og så kan du overlade det til os børn at købe havemøbler.
Flemming:	I er sgu ikke helt så tossede, I to. Jeg køber hende sgu en ring, og I køber hende så de der havemøbler. Men jeg vil altså ikke vide, hvor I køber dem henne, vel?
Alexander:	Det er en aftale, svigerfar.

Lav sætninger med følgende faste udtryk

at give nogen noget
at sætte noget i stand
at spare penge
at overlade noget til nogen
at lave en aftale med nogen
at kunne drømme om noget

Materialer

Omskriv til sammensatte ord, og angiv både bestemt og ubestemt form singularis og pluralis

Eksempel: *et bord af træ:*
- *et træbord – træbordet – to træborde – træbordene*
et bord af egetræ:
- *et egetræsbord – egetræsbordet – to egetræsborde – egetræbordene*

en ring af guld

et hus af sandsten

et flot armbånd af sølv

en blomst af plastik

et meget dyrt tørklæde af silke

en dejlig sweater af kameluld

en taske af læder

et hus af røde mursten

et gulv af marmor

en dug af bomuld

en frakke af sælskind

Lav tre andre eksempler med og uden bindebogstavet -s!

Lette led

Objekter, der består af ubetonede pronomener, flyttes frem i sætningen i hovedsætninger i nutid og datid:

Flemming giver ikke Linda en parasol.
Flemming giver hende ikke en parasol.
Flemming giver hende den ikke.
Giver Flemming hende den ikke?

I alle andre tider, i sammenskrivninger med modalverber og i ledsætninger står objekterne på deres normale plads i slutfeltet uanset, om de består af pronomener eller tungere led.

Flemming vil ikke give Linda en parasol.
Flemming vil ikke give hende en parasol
Flemming vil ikke give hende den.
Vil Flemming ikke give hende den?
Flemming siger, at han ikke vil give hende den.
Flemming siger, at han ikke giver hende den.

Omform det indirekte objekt til et pronomen!

Annette og Alexander vil gerne give Linda havemøblerne.

Flemming giver selvfølgelig Linda en ring.

Anders giver desværre også Linda en ring.

Astrid vil også købe sin svigerdatter en gave.

Hun køber ikke Linda en gave i Danmark.

Hun køber simpelthen Linda en kaffemaskine på færgen til Tyskland.

Omform det direkte objekt til et pronomen!

Astrid vil købe <u>kaffemaskinen</u> på en af sine busture.

Hun ved, at man altid kan købe <u>kaffemaskiner</u> billigt på færgen.

Hun køber selvfølgelig først <u>kaffemaskinen</u> på vej hjem.

På færgen har man næsten altid <u>kaffemaskiner</u> på tilbud.

Astrid køber <u>kaffemaskinen</u> først, og så putter hun den ned i en stor plastikpose.

Da hun har købt vin og chokolade, kan hun ikke finde <u>posen</u>.

"Hvor har jeg sat <u>min pose</u>?" tænker hun.

"Jeg satte måske posen i supermarkedet, mens jeg købte ind der", tænker hun.

"Jeg finder aldrig min pose", smågræder Astrid, mens hun løber hen til supermarkedet.

Pludselig kan Astrid se posen.

Hun tager straks sin pose og ser, at alt er i orden.

"Åh gudskelov", sukker hun. "Nu tager jeg bare kaffemaskinen med hjem og laver en kop kaffe.

Jeg kan egentlig også bruge en kaffemaskine selv."

Find og ret fejlene!

1) Hun købte et guldt ur.

2) Det var en kjole fra bomuld.

3) Hun blev ikke sur over gaven. Hun havde faktisk sig faktisk ønsket den.

4) Hun ville købe nogle bestemte blomster, men hun kunne dem ikke finde.

5) Hun købte noget wienerbrød, men bagefter kunne hun ikke lide dem.

Lytte / forstå øvelse 10

Lyt til båndet og fortæl
- hvor mange gæster Linda og Flemming har inviteret
- om de skal forberede festen helt alene
- hvad der skal ske til festen
- hvad der normalt sker til sankthans
- hvad Linda er nervøs for.

Frie opgaver

- Overvej, hvornår man giver gaver, og hvad man giver i Danmark og i dit land. Hvilke forskelle er der?

Kapitel 11

Lindas fødselsdag

I dag er det Lindas fødselsdag.
Hurra. Hurra. Hurra.
Hun sikkert sig en gave får,
som hun har ønsket sig i år
med dejlig chokolade og kager til.

Flemming: Godmorgen Linda, og til lykke med de 50!
Linda: Du store kineser, hvad er det for noget?
Flemming: Det er dine børn, der synger fødselsdagssang ude i haven. Kom hen til vinduet.
Linda: Gud. Det er Anders og Annette og ham den langhårede Alexander og moster Gerda og onkel Konrad og din mor. Nej, hvor er de søde!
Flemming: Tag din morgenkåbe på og kom med ud i haven.
Linda: Jeg kan da ikke gå ud i haven i morgenkåbe! Jeg skal lige have tøj på og friseres.
Flemming: Ja, men skynd dig lidt.
Alle: Linda længe leve. Hurra! Hurra! Hurra! Og så det lange: Hurraaaaaa!

Linda:	Sikke en overraskelse.
Flemming:	Og hvad har vi så her? Hvad tror du, der gemmer sig under dette tæppe?
Linda:	Er det noget til mig?
Flemming:	Ja, det er fra mig og børnene. Nu løfter jeg tæppet! En – to – tre – og hvad siger du så?
Linda:	Nye havemøbler. Hvor er de flotte! Det er da alt for meget! Det har jeg da slet ikke fortjent.
Annette:	Jo, det har du mor. Og så håber vi, at du vil give dig tid til at sætte dig lidt i solen og slappe af og blive flot solbrændt.
Linda:	Åh, tak skal I have.
Anders:	Hvis du ikke kan lide farven, kan du bytte møblerne i Ikea.
Linda:	Nej, hvad siger du dog. Jeg har da altid elsket hvide havemøbler. De skal bestemt ikke byttes!
Flemming:	Hold på hat og briller, for nu lader jeg champagnepproppen springe! Linda skal have det første glas, og det er til dig moster Gerda, og til dig Annette, og til dig og dig …
Sille:	Hvad med mig?
Flemming:	Vil du også smage? Ja, så får du da et halvt glas at skåle med. Skål Linda og atter en gang til lykke.
Alle:	Skål! Skål!

Aften

Linda:	Ja, jeg vil gerne byde jer alle sammen rigtig hjertelig velkommen og sige tak til jer, fordi I ville komme og fejre min fødselsdag. Skål.
Alle:	Skål og tak fordi vi måtte komme.
Flemming slår på sit glas:	Ja, jeg er jo ikke taler, men en dag som i dag er der ingen vej uden om. Traditionen kræver, at jeg holder en tale for min kone, Linda, som vi er samlet her for at fejre, og selv om man normalt ikke må tale om en dames alder, vil vi i aften gøre en undtagelse og fejre Lindas 50 års fødselsdag. 50 år, hvoraf hun - til min store glæde - har valgt at tilbringe de sidste 27 med mig.
Alexander hvisker til Annette:	Han ser enormt nervøs ud, hvad?
Annette hvæser til Alexander:	Ti stille, når min far holder tale!
Flemming:	Linda er jo født den 24. juni, altså på årets lyseste dag. Det er midsommer, og jeg tror, at hun har fået noget af det lyse med i sit sind, for Linda har jo altid været den her i familien, der kunne finde frem til de lyse sider af alting, - også når det har været svært for os andre at få øje på dem. Sankthans er imidlertid ikke bare den lyseste dag om året. Sankthans er også en dag, hvor vi viser vores vilje til at forsvare os mod alt det, der kan ødelægge vores liv. Sankthans er den aften, hvor vi står sammen om den symbolske afbrænding af de onde kræfter, altså afbrændingen af den sorte heks, som vi med vores ild jager bort fra landet, og den vilje til at komme af med det onde har altid siddet dybt i Linda. Var der noget i vejen, så skulle det frem og helst med det samme. Hos hende har der aldrig været noget med at gå tavs rundt og gruble over problemerne. Der er ikke noget, der er så galt, at det ikke er godt for noget, er hendes valg-sprog, så da det begyndte at gå dårligere i slagterforretningen, fandt Linda ud af, at vi kunne bruge vores fritid på at sætte hendes gamle forældres sommerhus i stand og leje det ud, og hun begyndte at arbejde som hjemmehjælper, hvad der har

	givet hende mange nye venner og veninder og mange hyggelige timer. Linda er ikke bange for at skælde ud, når hun bliver vred – men hendes vrede får renset luften, så vi atter kan nyde den lyse og milde stemning, som hun elsker. Jeg vil gerne foreslå et trefoldigt hurra for min kone, Linda.
Alle:	Hurra – hurra – hurra
Flemming:	Skål Linda.
Alle:	Skål.
Anders til Annette:	Den tale har han skrevet på hele natten.
Annette:	Ja, han er jo ikke den store ordkunstner, men det var da meget sødt, og jeg tror, han mener hvert et ord.

Lav sætninger med følgende faste udtryk

at skynde sig med noget
at fortjene noget
at gøre en undtagelse
at fortryde noget
at fejre nogen
at skåle med nogen for noget

Definit og indefinit form

Omsæt til definit form!

Eksempel: *Annette og Alexander har købt <u>gaverne.</u>*
Annette og Alexander har købt <u>nogle gaver.</u>

Husk at omskrive med *der* ved ubestemt subjekt (se også s. 78.)

<u>Familiebillederne</u> hænger på væggen.
Der hænger nogle <u>familiebilleder</u> på væggen.

Astrid har købt <u>kaffen</u> i Tyskland.

Astrid har fået <u>gaverne</u> af sine arbejdskammerater.

Har Astrid fået <u>gaverne</u> af sine arbejdskammerater?

<u>Fødselsdagssangene</u> ligger under tallerknerne.

Hvorfor kom gæsterne for sent?

Hun kommer altid sukkeret i kaffen.

Vil du have småkagerne?

Står småkagerne ude i køkkenet?

Omsæt til nægtende form!

Annette og Alexander har købt nogle røde roser.

Mulighed A: Annette og Alexander har ikke købt nogen røde roser.
Mulighed B: Annette og Alexander har ingen røde roser købt.

Astrid har købt noget kaffe i Tyskland.

Mulighed A:

Mulighed B:

Astrid har fået nogle gaver af sine arbejdskammerater.

Mulighed A:

Mulighed B:

Har Astrid fået nogen gaver af sine arbejdskammerater?

Mulighed A:

Mulighed B:

Hun har fået nogle hurtige svar på sine invitationer.

Mulighed A:

Mulighed B:

Hvorfor var der nogen gæster, der kom for sent?

Mulighed A:

Mulighed B:

Hun kommer faktisk noget sukker i kaffen.

Mulighed A:

Mulighed B:

Vil du have nogen småkager?

Mulighed A:

Mulighed B:

Find og ret fejlene

1) Det er helt utroligt, at hun kan sove hele de kedelige søndage.

2) Jeg håbede af helt mit hjerte, at alle naboerne ville have heldet med sig.

3) Måske har hun været i Tyskland.

4) Hun bor nær til sin søn.

5) Alle de gode weekender, hun havde, hun var sammen med sin familie

6) Flemming og Linda sparer alle pengene, de kan.

7) Hun tager til banko, fordi hun kunne godt tænke sig at vinde en af præmierne.

8) Astrid vil bruge hele spiritusration.

9) Jeg fortalt ham det.

10) Det folk deltager i turene for at lære nye mennesker at kende.

11) Astrid bliver stadig rask og energisk.

12) Astrid kender fru Mogensen i mange år.

Lytte / forstå øvelse 11

Lyt til båndet og fortæl
- hvem Annette sidder og snakker med til festen
- hvad de taler om
- hvorfor Annette er lidt ked af det
- hvad Anders foreslår hende
- hvad hun synes om hans forslag.

Frie opgaver

- Diskuter danske festtraditioner i forhold til traditionerne i dit land.

- Blandt gæsterne til Lindas fødselsdag er: Flemming, Anders, Annette, Alexander, Sille, Astrid, Torben, fru Mogensen og fru Mogensens nye ven. Hvad siger de til hinanden? Spil situationen i klassen.